Le GICAM et la problématique du développement économique et social du Cameroun

(1957-2010)

Approche historique

Collection « Études africaines »

Forte de plus de mille titres publiés à ce jour, la collection « Études africaines » fait peau neuve. Elle présentera toujours les essais généraux qui ont fait son succès, mais se déclinera désormais également par séries thématiques : droit, économie, politique, sociologie, etc.

Dernières parutions

Coumba CISSÉ, *Vivre à l'ombre du barrage de Manantali, Les représentations sociales des impacts*, 2025.
Sidi Tiémoko TOURÉ, *L'histoire oubliée de Mori Touré le Conquérant. De l'Empire songhaï à Marabadjassa (1492-1960)*, 2025.
Mamadi KABA, *Renaissance du Sahel, L'Alliance des États du Sahel*, 2025.
Amadou MBEYAP KUTNJEM, *La justice sportive au Cameroun. Genèse et dynamiques du processus de règlement des litiges sportifs*, 2025.
Trésor LUMFUANKENDA BUNGIENA, *Architecture du care en République démocratique du Congo, Repenser l'infrastructure hospitalière*, 2025.
François KODENA (dir.), *Jean-Marc Ela ou l'audace de géo-penser. Message à la jeunesse panafrikaine*, 2025.
Riman VAN, *Les défis contemporains de la démocratie et des droits de l'homme en Afrique. Étude à l'aune du droit international et du droit régional*, 2025.
Salomé SOLOUM, *Mode vestimentaire, accessoires et parures corporels dans le sud-Bénin du XVIIe au XIXe siècle*, 2025.
Salomon MAMPETA WABASA, *Gouvernance du parc national de la Salonga en RD Congo, Protectionnisme écologique et résistances locales*, 2025.
Ibrahim HAROUNA OUSMANE, Enjeux sécuritaires et mobilisation des jeunes dans les groupes extrémistes violents, Une analyse par l'exemple d'Abala au Niger, 2025.
Sous la direction de Saouré KOUAME, Philanthropie et développement de l'Afrique, 2025.

Bastiel Dexter Oyono Minlo

Le GICAM et la problématique du développement économique et social du Cameroun

(1957-2010)

Approche historique

L'Harmattan

5-7, rue de l'École-Polytechnique – 75005 Paris
www.editions-harmattan.fr
ISBN : 978-2-343-20910-4
EAN : 9782343209104

Au professeur Samuel Efoua Mbozo'o
et à Oyono Zourmba Gabriel

AVANT-PROPOS

L'histoire des organisations patronales camerounaises est à écrire. Cette situation résulte de la faible spécialisation des historiens camerounais dans ce domaine. En effet, ceux-ci ont, pour la plupart, jeté leur dévolu sur les syndicats ouvriers tandis que les politologues, les sociologues et les juristes prenaient de l'avance dans l'étude des associations professionnelles. Un épais brouillard enveloppe ainsi l'histoire du patronat et des associations qui le représente. Pourtant, ce volet de l'histoire économique du Cameroun mérite l'attention des historiens pour au moins une raison. Celle-ci relève de l'épistémologie. En effet, la mission de l'historien, selon F. Bédarida, est : « la construction de la conscience historique, *a fortiori* quand le présent est nébuleux. » Le moins que l'on puisse dire au sujet du Cameroun est que le présent, au plan économique, est nuageux. La preuve en est que le secteur privé ne constitue pas encore le moteur de la croissance de notre économie d'une part et les contraintes qui entravent la bonne pratique des affaires jouent contre le Cameroun dans le classement *Doing Business* de la Banque mondiale, d'autre part. Toute chose qui impacte négativement sur l'attrait des investisseurs. Dans ce contexte, l'historien tient son rôle dans la mesure où : « l'histoire est prise de vue sur le passé des hommes, elle met de plain-pied l'historien avec la pratique des sociétés du passé : pratique économique, sociale, politique et idéologique. Elle aide donc à appréhender la racine des problèmes du présent non seulement de manière théorique et spéculative, mais aussi de manière concrète par les exemples qu'elle révèle. » Cette réflexion de Jean Noël Loucou et Christophe Wondji permet de postuler que, grâce à l'histoire, il est possible d'appréhender les causes profondes qui expliquent la faible croissance du secteur privé et le caractère laborieux du dialogue entre l'État et les organisations patronales au Cameroun.

Effectivement, cet ouvrage tente de démontrer, dans une approche historique, que les léthargies observées aujourd'hui dans l'environnement des affaires au Cameroun tirent leur source dans le passé colonial. En réalité, la prépondérance des entreprises étrangères au Cameroun post colonial s'explique par la domination de l'économie coloniale par les firmes étrangères ; la faiblesse du secteur privé nationale est consécutive à l'exclusion des Camerounais dans les secteurs avantageux de l'économie coloniale ; les contraintes fiscales et la centralisation observées aujourd'hui résultent du dirigisme économique instauré par le système colonial français ; le GICAM est né de la volonté des hommes d'affaires européens à protéger leurs intérêts à la veille de l'indépendance du pays, etc.

Le Cameroun d'aujourd'hui est donc la résultante des transformations subies durant la colonisation. La principale de ces transformations est sans nul doute l'introduction du Cameroun dans les méandres de l'économie libérale. Le GICAM en tant qu'organisme d'études joue donc le rôle de sentinelle : il prévient des dangers, propose des solutions aux problèmes afin d'y remédier ; ainsi les retombées de la croissance économique bénéficieront à tous. C'est vrai qu'on ne peut éluder le fait que celui-ci connaisse des difficultés.

Nous espérons que le lecteur pourra trouver dans cette modeste contribution à l'étude d'une organisation patronale les réponses relatives au rôle fondamentale que celle-ci joue dans le développement économique d'un pays comme le

Cameroun. Nous osons croire que ce travail suscitera des débats constructifs qui aideront à mieux faire connaitre les organisations patronales et à ériger l'entreprise au cœur du développement du Cameroun.

INTRODUCTION

Au 19e siècle, l'Europe connait une profonde transformation économique généralement qualifiée de révolution industrielle ; transformation spectaculaire de l'industrie qui la contraint à s'expatrier. Ce sont les explorateurs qui, grâce à « leurs randonnées valeureuses »[1], ont planté « les jalons en terres lointaines »[2]. Cette aventure, contrairement à ceux qui y voyaient une entreprise civilisatrice, était avant tout intéressée. A. Sarraut le fait savoir lorsqu'il écrit si bien :« la colonisation, au début, n'a pas été un acte de civilisation, une volonté de civilisation. Elle est un acte de force, de forces intéressées »[3]. Cette affirmation ne discrédite pas pour autant les positions de Clémenceau ou de Vigné d'Octon en France[4]. La vérité est qu'à cette époque, souligne Henri Brunschwig : « l'Occident avait sans doute plus besoin des matières premières africaines (huile de palme, or puis caoutchouc...) que l'Afrique des produits de luxe européens. Les Noirs possédaient un quasi-monopole des produits indispensables

---

[1] Albert Sarraut, *Grandeur et Servitude coloniales*, Paris, Editions du Sagittaire, 1931, p. 90.

[2] *Ibid.*

[3] *Ibid.*, p. 107.

[4] Jean Suret-Canale, « A propos de Vigné d'Octon : peut-on parler d'anti colonialisme avant 1914 ? », *Cahiers d'Etudes Africaines*, V.XIII, n°69-70, pp. 233-240.

aux Blancs »[5]. Ceci explique clairement pourquoi au 19e siècle, les capitaux privés étrangers, si rares en Afrique aujourd'hui, se bousculaient aux portes du continent. La concurrence mondiale était vive, l'on a parfois frôlé le pire, la guerre. C. Coquery Vidrovitch l'a fort bien relevé :

> L'arrivée de l'ensemble du monde occidental à un niveau économique comparable (c'est-à-dire à la phase impérialiste du mode de production capitaliste) se traduisit, sur le terrain, par toute une série d'incidents politiques. Autrement dit, la concurrence des capitalismes au centre se manifesta en termes de politique extérieure[6].

Afin d'éviter d'en arriver aux armes, le chancelier allemand, Otto Von Bismarck, qui voyait désormais la colonisation sous un nouveau jour, provoqua une conférence à Berlin, en Allemagne. C'est cette assise qui a donné le coup d'envoi au partage du « lambeau africain »[7].

L'acquisition désormais réglementée de ces territoires n'impliquait que partiellement la métropole pour ce qui est des investissements. En effet, acquérir un territoire était une chose, y investir en était une autre. Pour la métropole, la colonie n'était qu'une vache à lait. C. Coquery Vidrovitch le souligne bien : « le financement en était à peu près exclu puisque dans l'optique du temps, qui ignorait la notion récente ‘‘d'aide aux pays sous-développés'', c'est l'Outre-mer qui devait rapporter à la métropole et non le contraire »[8]. La tâche d'investir revenait donc aux hommes d'affaires, aux privés. C'est d'ailleurs pour cette raison, comme le rappelle

---

[5] Henri Brunschwig, « Décolonisation, néo-colonialisme : essai sur le vocabulaire de la politique coloniale », *Cahiers d'Etudes Africaines*, V. XIII, n°49, 1976, p.6.

[6] C. Coquery Vidrovitch, « La mise en dépendance de l'Afrique noire. Essai de périodisation, 1870-1970 », *Cahiers d'Etudes Africaines*, V.XVI, n°61-62, 1977, p. 29.

[7] *Ibid.*

[8] C. Coquery Vidrovitch, « La mise en dépendance de l'Afrique noire », *op cit.*, p. 28.

Hélène d'Almeida-Topor, que : « le ministre A. Sarraut préconisait un renforcement de l'initiative privée dans tous les secteurs de la vie économique pour " une mise en valeur" qui devait largement faire appel à la main-d'œuvre locale »[9]. Le secteur privé tenait une place de choix dans l'exploitation des colonies. La colonisation était donc bien l'affaire des hommes d'affaires.

Le Cameroun, plus que tout autre pays, ne pouvait échapper à la convoitise des hommes guidés par le seul besoin de fructifier leurs affaires. Il est bien connu que la valeur d'un pays est pour une large part ce que font de lui le climat, le sol et la végétation. Bien entendu, le Cameroun, de par son ouverture sur la mer et son sol « truffé de ressources »[10], représentait une aubaine. Les avantages dont regorge le pays ont été pour beaucoup dans l'occupation du territoire. La conséquence de cette occupation est l'avènement de nouvelles pratiques. Léon Kaptué écrit :

> Entre 1840 et 1960, les Européens de diverses nationalités ont, en vagues successives, préparé et provoqué des bouleversements dans la société camerounaise traditionnelle. Ce faisant, les étrangers ont été à l'origine de la plus grande part du ferment qui a sous-tendu la gestation et la naissance d'une société nouvelle dans le pays[11].

C'est dire que la naissance d'une société nouvelle au Cameroun est consécutive à l'arrivée des étrangers. Parmi ces derniers, il y avait certes des religieux, des scientifiques, mais la plupart posaient leurs valises pour des raisons économiques. Voilà pourquoi c'est pendant la colonisation européenne que le Cameroun est, bon gré mal gré, intégré

---

[9] Hélène D'almeida-Topor, « Les conséquences de la crise de 1929 en Côte d'ivoire », *Cahiers d'Etudes Africaines* V.XVI, n°61-62, 1977, p. 45.

[10]EngelbertMveng, *Histoire du Cameroun*, Yaoundé, CEPER, Tom2, 1985.

[11] Léon Kaptué, « Le syndicalisme ouvrier au Cameroun, son contexte historique », *Annales de la Faculté des Lettres et Sciences Humaines,* séries sciences humaines, Vol. V, n°2, juillet, 1989, p. 6.

dans l'économie de marché. Allemand, Français, Anglais, Grec, Libanais, Syrien, etc., ont, chacun en ce qui le concerne, réalisé des investissements au Cameroun. Le contraste au Cameroun, durant toute la période coloniale, est que le niveau de vie élevé appartient aux étrangers. Et pour cause. Ils dominent tous les secteurs de l'économie. A en croire R. Joseph, la discrimination et les conflits d'intérêts économiques entre Européens et Camerounais figurent en bonne place parmi les causes qui ont animé le mouvement nationaliste[12]. Dès lors, la libération politique, économique et la réunification du Cameroun s'inscrivent en droite ligne des revendications de l'UPC, le seul parti nationaliste qui engage une lutte armée dès 1955.

Parallèlement à la lutte armée, on note une évolution au niveau de l'administration. En avril 1957, le Cameroun se dote d'un statut qui fait de son Assemblée, une chambre légiférante et qui crée un gouvernement autonome avec quelques limites cependant. C'est dans cette ambiance politique marquée par la marche du pays vers l'indépendance que le patronat français, majoritaire au Cameroun, crée le Groupement interprofessionnel pour l'étude et la coordination des intérêts économiques au Cameroun (GICAM) qui devient en 1992, GICAM (Groupement Inter-Patronal du Cameroun).

L'étude de cette organisation patronale est indissociable de l'évolution de l'histoire économique du Cameroun depuis sa création. Elle peut être subdivisée en deux périodes : l'ère du tout-État et l'avènement du libéralisme. Il ne faut pas non plus ignorer que le GICAM naît dans un pays acquis à la cause de la bureaucratie et de l'interventionnisme étatique conformément au système dans lequel le pays a été moulé par l'entremise de la France. Le Cameroun est aussi un pays

---

[12] Richard Joseph, *Le mouvement nationaliste au Cameroun. Les origines sociales de l'UPC*, Paris, Karthala, 1985.

dans lequel le secteur privé est composé d'étrangers et de nationaux dont les Bamiléké sont la tête de proue. C'est dans un pays où le secteur privé n'a pas les mains libres que le GICAM évolue après sa naissance.

Afin d'éviter toute équivoque ou toute interprétation erronée tout au long de notre texte, une clarification des termes clés s'avère nécessaire.

En effet, le titre de cet ouvrage est *Le GICAM et la problématique du développement économique et social du Cameroun (1957-2010). Approche historique.* Commençons par GICAM[13] : c'est le Groupement Inter-Patronal du Cameroun. Comme son nom l'indique, il s'agit d'un groupement, c'est-à-dire « une réunion de personnes groupées (...) par des intérêts communs »[14]. Ce groupement est constitué non pas d'ouvriers, mais de patrons ; c'est donc un patronat, c'est-à-dire « l'ensemble des patrons, des chefs d'entreprise »[15]. De quels chefs d'entreprise s'agit-il ? La question en vaut la chandelle. En effet, certains travaux confondent entreprises formelles et informelles. C'est tout le sens de la question de J.M. Ela :« Comment prendre au sérieux les recherches qui s'autorisent à parler d'«entreprises »dans l'« informel » alors que les activités de ce secteur ont tendance à échapper à toute investigation statistique, au contrôle de l'État et au mode de

[13] Depuis sa création, le GICAM a gardé la même abréviation bien que l'appellation développée ait connu une modification en 1992. Nous tenons compte de la deuxième appellation.

[14] *Le petit Larousse illustré*, Paris, Larousse, 2002, p. 493.

[15] *Ibid.*, p. 756. Soulignons tout de même le fait que l'utilisation du mot patronat n'est pas fréquente dans le vocabulaire des économistes simplement parce que les chefs d'entreprise ne se conçoivent pas encore comme un ensemble social homogène. Lire M. Babier, « Les organisations patronales en France et en Europe », in *Revue de littérature*, Paris, ENS/EHESS-DARES, n°130, décembre 2007, p. 17.

fonctionnement de l'économie officielle ? »[16]. Pour l'auteur, le secteur informel n'est pas formé d'entreprises, car, explique-t-il, l'entreprise est « une institution cardinale du capitalisme »[17]. D'ailleurs, poursuit-il, « de nombreuses activités informelles disparaîtraient si elles étaient organisées selon le modèle de développement de type moderne »[18]. A partir de cette réflexion, il convient de conclure qu'il est question dans cette étude de chefs d'entreprise à la tête de structures formelles, c'est-à-dire « des unités économiques constituées sous forme de sociétés anonymes, Sociétés À Responsabilité Limitée, en nom collectif, en commandite »[19]. Dans ce cas, il s'agit des entreprises privées[20]. En définitive, les statuts du GICAM la définissent comme « un Groupement inter-patronal ». Cela veut dire que le GICAM est une organisation patronale qui regroupe les entreprises quelle que soit leur taille et les syndicats professionnels divers répartis dans tous les secteurs d'activités au Cameroun. Pour tenter une reformulation, nous pouvons dire que le GICAM est une organisation d'employeurs (étant à la tête des structures formelles) et de quelques syndicats, groupés par des intérêts communs. En tant que structure, le GICAM est au même titre que le Groupement Européen d'Intérêts Economiques, « une personne morale qui a pour but de faciliter ou de développer l'activité économique de ses membres »[21]. Maintenant que le GICAM a été défini, intéressons-nous au concept de développement.

---

[16] J.M. Ela, *Travail et Entreprise en Afrique. Les fondements sociaux de la réussite économique*, Paris, Karthala, 2006, p. 756.

[17] *Ibid.*, p. 40.

[18] *Ibid.*

[19] Abena Abena, *Banques, Entreprises et Développement au Cameroun*, Paris, EditionsDianoia, 2006, p. 78.

[20] *Ibid.*

[21] *Le Petit Larousse illustré*, 2002, p. 93.

Le concept de développement a la particularité d'être « un phénomène dynamique, complexe et multidimensionnel »[22]. En effet, c'est avec la révolution industrielle que le « développement du capitalisme »[23] prospère dans la pensée économique. Le concept connaît pourtant un temps d'arrêt lorsque Karl Marx énonce la théorie du capitalisme impérialiste. Cependant, après la Deuxième Guerre mondiale, le concept prend un nouveau départ avec le discours du président américain Harry S. Truman le 20 janvier 1949. Quatre points clés se dégagent de ce discours :

> Les Occidentaux sont développés, les autres pays sont sous-développés ; les causes du sous-développement sont internes aux pays du Sud. Ces derniers souffrent d'un manque de progrès techniques et économiques ; l'Occident doit diffuser ces progrès pour développer les pays du Sud ; cette mission se veut humaniste. Il s'agit de supprimer les souffrances des populations, d'éradiquer les maladies[24].

C'est à la suite de ce discours que le concept de pays « sous-développé » s'est enraciné. Cependant, la question demeure : qu'est-ce que le développement ?

La réponse à cette question fait apparaître la complexité du phénomène en ce sens qu'il unit à la fois la croissance économique et le bien-être intégral de l'homme. Au départ, le développement est synonyme de croissance économique. C'est la raison pour laquelle il signifie alors « l'obtention d'une croissance économique significative sur une longue période »[25]. Edgard Morin va dans le même sens lorsqu'il affirme : « le concept de développement a créé une sorte de modèle technico-économique dans lequel la croissance

---

[22] Bernard Conte, « Le concept de développement », http:// www.conte.u-bordeaux4.fr, p.1.consulté le 24 juillet 2012 à 13 heures.

[23] *Ibid.*

[24] « L'idéologie du développement. Des contradictions de la théorie aux désastres de la pratique », mars 2008, p.6. http://www.les-renseignements généreux.org. Consulté, le 24 juillet 2012 à 12 heures.

[25] B. Conte, « Le concept de développement », *op cit.*, p. 2.

économique est apparue, si je puis dire, comme la locomotive nécessaire et suffisante de tout progrès humain notamment les possibilités d'épanouissement personnel »[26]. Cela suppose donc que le développement n'est possible que par « la croissance du revenu réel par habitant »[27]. Le développement est ainsi réduit à la seule croissance. Cependant, celle-ci ne peut à elle seule faire le développement puisqu'il existe des cas de « croissance sans développement »[28]. D'où l'élément qualitatif à prendre en compte. Jean Ronald Legouté l'affirme :

> Le développement au-delà du concept de croissance postule aussi des idées de qualité qui, d'ailleurs, échappent à toute mesure et débordent le champ d'analyse économique. Il implique une hausse du bien-être social, des changements de structures et finalement une mutation de la société tout entière[29].

Ce côté qualitatif permet d'embrayer sur une dimension du développement qui est le développement humain. Sur ce plan, le PNUD (Programme des Nations unies pour le développement) a adopté une nouvelle approche qui place l'homme au centre du développement. Pour le PNUD :

> Le développement humain ne se limite pas, loin s'en faut, à la progression ou au recul du revenu national. Il a pour objectif de créer un environnement dans lequel les individus puissent développer pleinement leur potentiel et mener une vie productive et créative, en accord avec leurs besoins et intérêts. La véritable richesse des nations, ce sont leurs habitants. Le rôle du développement consiste donc à élargir les possibilités, pour

---

[26] Edgard Morin, « Une crise future », *Le Courrier de l'UNESCO*, décembre 2010, p. 26.

[27] B. Conte, « Le concept de développement », *op cit.*, p. 2.

[28] *Ibid.* C'est le cas des pays du Sud qui parfois affichent des taux de croissance intéressants alors même que la population vit dans la misère. Le Cameroun et la Côte d'ivoire, par exemple, connaissent bien ce phénomène.

[29] Jean Ronald Legouté, « Définir le développement : historique et dimensions d'un concept plurivoque », *Cahiers de recherche sur l'intégration continentale,* Université du Québec, février 2001, pp. 15-16.

> chacun, de choisir la vie qui lui convient. Ce concept dépasse ainsi largement celui de la croissance économique[30].

Cette vision du PNUD est fondamentale dans la mesure où elle place le peuple comme l'élément moteur du développement. Celui-ci constitue la seule vraie richesse. Cette vision permet également de mettre en relief l'aspect politique du concept. En réalité, c'est à l'État que revient la mission de créer le cadre, d'élargir les possibilités, grâce à la bonne gouvernance. Concrètement, cette vision :

> Se focalise autour du rôle de l'État au sein du processus de développement. Ce rôle a fait l'objet de grands débats. La contre-révolution néoclassique a tout d'abord prôné la réduction drastique du rôle de l'État au profit du marché. Devant les échecs, les néoclassiques ont dû au moins implicitement reconnaitre la dimension politique du développement notamment à travers la bonne gouvernance[31].

En définitive, le développement prend en compte l'élément croissance, l'élément humain et politique. Voilà pourquoi le concept de développement est conçu dans le cadre de cette étude comme l'amélioration, par l'État, du cadre politique, financier, juridique, fiscal et infrastructurel, etc., permettant à la population de mener une vie productive et créative dont le fruit est sans doute la croissance et le bien-être au niveau social. Nous le définissons ainsi parce que le GICAM qui fait l'objet de ce travail œuvre pour un climat des affaires qui permette à chaque opérateur économique d'investir sans crainte. C'est l'amélioration de ce climat des affaires consécutive à un dialogue et un partenariat efficace avec les pouvoirs publics qui peut favoriser l'avènement d'un secteur privé fort, créateur d'abondantes richesses ;la base de ce secteur privé étant bien évidemment la population. C'est à cette condition que chacun pourra, grâce au cadre favorable entretenu par l'État, améliorer ses conditions de

---

[30] *Ibid.*, p. 4.
[31] *Ibid.*, p. 6.

vie. C'est pourquoi le mot social qui se trouve dans le titre du présent travail doit être compris à deux niveaux : d'abord, il s'agit d'amener la majeure partie des Camerounais à s'intéresser à l'entreprenariat. Cela aura obligatoirement un impact sociétal indéniable ; l'on pourra assister à un véritable développement par le peuple et pour le peuple dans la mesure où, c'est le peuple lui-même qui en sera le moteur. Ensuite, il s'agit de sauvegarder les conditions de travail et même le bien-être des travailleurs en entreprise.

Cette démarche est importante dans la mesure où, depuis son accession à l'indépendance jusque dans les années 90, le Cameroun a adopté, comme la plupart des pays d'Afrique francophone, une politique de développement basée sur la grande entreprise publique. L'État constitue alors le moteur du développement puisqu'il est « l'auteur de la pièce, l'acteur et le spectateur » : c'est le tout-Etat. Or, dans le milieu économique, il existe un débat qui dure depuis toujours entre les partisans de la libre entreprise et les défenseurs de l'interventionnisme étatique. Ce débat a resurgi avec la récente crise financière qui s'est transformée en crise économique en 2008. Touna Mama a salué l'intervention de l'État pour sauver le marché financier américain démontrant par là même que l'État ne doit pas être à l'écart du marché et que l'idée d'une autorégulation de ce dernier est absurde. C'était le triomphe de Keynes. Pourtant, l'implication de l'État a eu des effets néfastes au Cameroun. Il ne faut pas ignorer que le Cameroun a été victime du syndrome hollandais. La richesse pétrolière du Cameroun a finalement causé sa pauvreté. En effet, la mauvaise gestion des recettes issues de la manne pétrolière dans les années 70, couplée à la chute des principaux produits d'exportation, a plutôt conduit le Cameroun à une situation de sévère crise économique. Le pays a subi les affres des douloureux Programmes d'Ajustement Structurel dont on n'épilogue plus sur les conséquences sociales[32]. Le syndrome hollandais se comprend donc comme une situation de pauvreté occasionnée par une situation de richesse brusque, richesse mal gérée par les pouvoirs publics.

Aujourd'hui, le contexte pro libéral imposé au Cameroun à la fois par les institutions de Bretton Woods et la mondialisation des échanges exige que l'État revisite nécessairement son rôle dans l'économie, ce d'autant plus que le pays veut être compté au nombre des nations émergentes. Face à ce défi, tout comme à celui du développement économique et social, le secteur privé est appelé à jouer un rôle crucial. Le GICAM, principale organisation patronale du Cameroun, a pour objectif majeur d'amener l'État à faire de l'entreprise le moteur du développement. Mais les choses ne sont pas aussi simples : le climat des affaires est mauvais, la gouvernance n'est pas meilleure, le chômage sévit toujours, la fiscalité est lourde, le secteur informel reste pesant, les tracasseries administratives persistent, l'environnement judiciaire n'est pas rassurant, l'entreprise n'est pas encore au cœur des politiques de développement, la contrebande plombe le commerce des produits légaux, la corruption et le tribalisme ne sont pas absents dans le milieu de l'emploi, il y a une faible opérationnalisation des politiques pro pauvres, etc. Voilà autant d'entraves qui rendent le développement économique et social du Cameroun difficile. Au regard de cette situation, il convient de savoir quel rôle joue le GICAM depuis sa

---

32 « Les politiques d'ajustement structurel ont provoqué dans de nombreux cas des famines et des émeutes ; et même quand leurs effets n'ont pas été aussi terribles, même quand elles ont réussi à susciter une maigre croissance pour un temps, une part de ces bénéfices est souvent allée aux milieux les plus riches de ces pays en développement, tandis qu'au bas de l'échelle la pauvreté s'était parfois aggravée », cité par Sylvie Eyeffa Ekomo, in Ajustement Structurel dans les pays de l'Afrique Centrale : Bilan et Perspectives. www.Codesria.org, consulté le 11 juillet 2014 à 18 heures.

naissance dans le processus du développement économique et social du Cameroun. En d'autres termes, quelle est l'influence du GICAM dans l'amélioration du climat des affaires (fiscalité, environnement judiciaire, dialogue public-privé, etc.) ; laquelle amélioration a pour conséquence l'émergence d'un secteur privé fort, facteur de croissance, de création d'emplois et d'amélioration des conditions de vie aussi bien en entreprise que dans la société ?

À cette question centrale se greffent des questions subsidiaires :

— Dans quelles circonstances est-ce que le GICAM a vu le jour ?

— Quelles sont les forces et les faiblesses du GICAM ?

Telles sont les principales questions auxquelles ce modeste ouvrage tente de répondre.

CHAPITRE I :

LE SECTEUR PRIVÉ AU CAMEROUN COLONIAL ET LA NAISSANCE DU GICAM

La nature semble avoir donné toutes ses chances au Cameroun pour qu'il fût l'objet de la convoitise des puissances européennes au XIXe siècle et même avant[1] : son ouverture sur la mer, facteur de contact, sa population, ainsi que le souligne L. Kaptué :« [...] disposée (voire obligée), au plan psychologique à s'adapter à " l'air du temps", à faire de larges concessions aux hommes nouveaux, aux étrangers et aux idées nouvelles qui depuis le 18esiècle frappaient avec violence et insistance sur les portes du continent »[2], ses ressources naturelles ne pouvaient qu'occasionner l'accaparement du territoire par les puissances impérialistes. Il faut bien le dire, ce n'est pas dans l'optique de coopérer, encore moins de traiter d'égal à égal[3], que les puissances

---

[1] A. Owona, « La naissance du Cameroun (1884-1914) », *Cahiers d'Etudes Africaines*, V. XIII, n° 49, 2e trimestre, 1973.

[2] L. Kaptué, « Le syndicalisme ouvrier au Cameroun, son contexte historique »,*op.cit.*, p. 5.

[3] Ce qui a défavorisé les Africains au XIXe siècle alors même qu'ils disposaient de ressources indispensables aux Blancs, c'est le fait qu'à cette époque, les Africains n'étaient pas constitués en des entités suffisamment puissantes pouvant négocier ou fixer les prix de leurs produits exportés. Ce détail a facilité leur soumission au mode de production capitaliste. Lire Henri Brunschwig : « Décolonisation, néo-

européennes nouent des contacts avec les Camerounais. C'est bien dans le but de déconstruire le système économique existant pour en instaurer un qui soit uniquement en leur faveur. Cela explique pourquoi, tel que le souligne C. Coquery Vidrovitch, « partout ailleurs, la rencontre avec le mode de production capitaliste a été brutalement imposée de l'extérieur [...] »[4]. Cette introduction brutale du mode de production capitaliste a reconfiguré les habitudes économiques au Cameroun. Ce bouleversement explique dans une certaine mesure la naissance du GICAM.

L'objectif de ce chapitre est de présenter le secteur privé au Cameroun colonial dans ses composantes ; de montrer que l'environnement des affaires au Cameroun colonial se situe entre la discrimination et l'interdépendance et de montrer que le GICAM est né de l'inquiétude des patrons qui craignaient pour leurs affaires alors même que le Cameroun se préparait à accéder à l'indépendance.

I- Les composantes du secteur privé au Cameroun colonial

Le secteur privé au Cameroun colonial avait trois composantes : les colons, les étrangers et les indigènes.

A- Les colons

Le colonat, selon L. Kaptué, « est un terme générique où se retrouvent pêle-mêle : le colon pur, le commerçant expatrié, le forestier, le mineur, et même le missionnaire »[5].

---

colonialisme : essai sur le vocabulaire de la politique coloniale, II », *op cit.*

[4] C. Coquery Vidrovitch, « La mise en dépendance de l'Afrique noire », *op cit.*, p. 14.

[5] L. Kaptué, « Le syndicalisme ouvrier au Cameroun »,*op cit.*, p. 22. Le fait à souligner dans cette définition est que R. Joseph, dans la sienne,

Cette définition permet de mettre en lumière la position des colons dans l'environnement des affaires au Cameroun colonial. Le fait qu'ils soient cités en premier n'est pas fortuit. En effet, « les colons purs », tel que le souligne l'auteur, représentent les hommes d'affaires originaires de la puissance coloniale dominatrice. Ils formaient : « Une classe privilégiée, celle des entrepreneurs, des patrons, des industriels, des commerçants, etc. C'était la classe de ceux qui disposaient des capitaux et étaient seuls capables d'entreprendre des activités créatrices d'emplois »[6]. Ce sont eux qui, après l'administration, étaient les principaux investisseurs au Cameroun[7]. Ils constituaient donc une classe bien à part, bénéficiant d'avantages économiques et politiques considérables.

Au plan économique, les colons contrôlaient une frange non négligeable des secteurs productifs[8]. En politique, ils bénéficiaient d'un double privilège. D'abord, ils étaient sous les ailes de l'administration coloniale. Celle-ci a été d'un grand apport dans la décomposition du système économique existant en les favorisant prioritairement. C'est une situation vérifiable au Cameroun allemand puis au Cameroun français.

Au Cameroun allemand, deux raisons ont poussé les hommes d'affaires allemands à demander le secours de l'administration. La première, telle que l'écrit si bien P. Kenmogni, est que : « les commerçants allemands voulaient [...] l'appui du gouvernement pour briser le monopole qu'exerçaient les populations côtières sur un commerce qu'ils voulaient contrôler »[9]. La seconde est que les hommes

---

n'intègre pas les missionnaires dans le colonat bien que ceux-ci apportent leur concours à l'implantation de la domination coloniale.

[6] *Ibid.*, p. 15.

[7] R. Joseph, *Le mouvement nationaliste au Cameroun,op cit.*, p.131.

[8] L. Kaptué, « Le syndicalisme ouvrier au Cameroun »,*op. cit.*, p.17.

[9] P. Kenmogni, « La Chambre de Commerce », mémoire de Maîtrise en Histoire, UYI, 2001, p.12.

d'affaires désiraient ardemment que le gouvernement contrôlât le commerce au Cameroun[10]. Plus tard, elle joua un rôle décisif dans le recrutement de la main-d'œuvre. Cette situation n'était pas différente au Cameroun français.

À vrai dire, les choses ne pouvaient pas être autrement, car : « Naturellement, sauf en cas de dégénérescence, une mère élève mieux son enfant que la meilleure des marâtres »[11]. C'est ce que fit l'administration française la plupart du temps. Cela transparaît clairement dans les écrits de P. Kenmogni :

> L'administration française a presque toujours coopéré avec les autres Européens de la chambre [de commerce]. Mais, parfois aussi, elle a réagi avec eux pour protéger les intérêts des Africains menacés par les "patrons". Elle a même joué le rôle de médiateur entre les Européens pour des questions dont l'issue n'était pas satisfaisante pour les uns. Mais elle a très souvent tranché comme l'avaient souhaité les colons[12].

Il y a donc lieu de conclure avec L. Kaptué que : « s'il est vrai que c'était l'autorité administrative qui détenait statutairement la réalité du pouvoir, il reste qu'elle [l'administration] l'exerçait dans le sens des intérêts d'un colonat vigilant »[13].

À côté de ce premier privilège se trouvait un autre : la possibilité de créer des organisations pour défendre leurs intérêts. Les Cameroun allemand et français disposent d'exemples concrets.

---

[10] *Ibid.*

[11] F. Kange Ewané, « L'émergé et l'immergé dans la conférence de Berlin, application dans la rencontre Germano-camerounaise », Colloque tenu à Dakar,p. 2.

[12] P. Kenmogni, « La Chambre de Commerce »,*op cit.*, p. 9.

[13] L. Kaptué, « Le syndicalisme ouvrier au Cameroun », *op cit.*, p. 18.

Au Cameroun allemand, il y a lieu de retenir le cas du comité économique[14] créé en 1898. C'était une organisation fondamentale qui trouvait sa raison d'être dans le fait que la principale mission de l'Allemagne était d'exploiter les ressources naturelles des colonies. C'est ce que souligne Rudin, cité par P. Kenmogni, "*Since the Germans always frankly admitted that the only reason for having colonies was the exploitation of their natural resources, it was natural that the colonial geselschaftcheskometee became linked to the society in 1902.*"Voilà qui est clair. Afin de faciliter l'exploitation des colonies et d'améliorer le climat des affaires au profit des entrepreneurs allemands, le comité économique dont « la plupart des membres [...] étaient des hommes qui avaient une place importante dans la vie économique de l'Allemagne »[15], avait, à Berlin, « un service d'archives et un bureau d'information pour la propagande coloniale et la promotion des produits coloniaux »[16]. Le comité avait des commissions spécialisées dont l'objectif était : « l'étude des problèmes liés à certains produits comme le caoutchouc, le bois, le coton, les problèmes liés à la navigation, au transport ainsi qu'à la protection des minéraux »[17]. Le comité étudiait non seulement « la possibilité de l'installation des Allemands au Cameroun »[18], mais « aidait aussi financièrement l'administration dans la lutte contre la maladie du sommeil »[19]. La brève présentation du comité économique apporte la preuve que les colons avaient toutes les cartes en main pour dominer la vie économique.

---

[14] Dans la présente étude, les organisations mises sur pied par les hommes d'affaires sont particulièrement intéressantes. En effet, ces organisations étaient différentes de celles instaurées par l'administration coloniale.

[15] P. Kenmogni, « La Chambre de Commerce »,*op cit.*, p. 10.

[16]*Ibid.*

[17]*Ibid.*

[18] P. Kenmogni, « La Chambre de Commerce », *op cit.*, p. 10.

[19]*Ibid.*

Au Cameroun français, l'exemple retenu, malgré la pluralité des organisations coloniales, c'est l'ASCOCAM, (Association des colons du Cameroun). Cette association est née à l'époque où « l'esprit de Brazzaville »[20] s'était saisi des ouvriers camerounais. A ce sujet, J.F. Bayart écrit :

> L'association des colons du Cameroun (ASCOCAM), branche locale des États généraux de la colonisation, milita par exemple avec beaucoup de vigueur contre les mesures prises au lendemain de la Deuxième Guerre mondiale. Elle demandait l'abolition du code du travail de juin 1945 et le retour au travail forcé, critiquait les sociétés indigènes de prévoyance [...] récusait la politique d'industrialisation des territoires d'outre-mer, déplorait l'émergence d'un prolétariat africain [...][21].

Ces écrits ne laissent planer aucun doute sur le fait que les colons entendaient maintenir jusqu'au bout leurs privilèges. Ce qu'il faut cependant relever, c'est que l'ASCOCAM était une organisation à la fois marginale et puissante. Marginale parce qu'elle s'opposait à la vision de l'administration. Cela apparaît clairement dans ce rapport dressé par Murruau au haut-commissaire Henri Nicolas, à propos des évènements de septembre 1945 :

> Que représente l'ASCOCAM du point de vue économique ? Rien. Que veut-elle devenir ? Un comité politique. Va-t-on permettre à 30 moutons menés par 6 ou 7 agitateurs sans envergure d'intervenir progressivement dans toutes les affaires

---

[20] Si, comme l'explique S. Efoua Mbozo'o, certains hommes politiques de l'époque avaient parlé de « l'esprit de Brazzaville » c'est parce que : « la conférence [la conférence de Brazzaville] décida d'écarter les questions constitutionnelles et se consacra à des problèmes pratiques (cadres indigènes, problèmes économiques et sociaux, hygiène et santé, organisations locales, droits et liberté des indigènes) ». Lire Samuel Efoua Mbozo'o, « Historique de l'emblème, de l'hymne, de la devise et de la fête nationale du Cameroun », *Annales de la Faculté des Arts, Lettres et Sciences Humaines*, vol.1, n°4, nouvelle série, 2006, p. 156.

[21] J.F. Bayart, « Régime de parti unique et systèmes d'inégalité et de domination au Cameroun : esquisse », *Cahiers d'Etudes Africaines*, V.XVIII, n° 69-70, 1978/1979, p. 14.

administratives ? Aucune grande maison d'importation, aucun établissement de crédit, aucune entreprise industrielle importante n'est représentée dans cette association. Parmi les 6 ou 7 meneurs de ce comité, deux ne tirent leurs bénéfices que de l'appui massif et permanent de l'administration, les 5 autres ne font pas ensemble 1 million de chiffres d'affaires par an. Et trois d'entre eux ne sont lucides que jusqu'à midi au plus[22]...

Ce rapport de Murruau montre combien de fois l'ASCOCAM était une organisation marginale. Cependant, elle n'en était pas moins puissante. En effet, l'ASCOCAM représentait « la branche locale des États généraux de la colonisation »[23] . De plus, tous les Européens, une fois en terre étrangère, avaient comme une obligation de solidarité : « Nous pouvons sur le continent noir, être des rivaux, nous ne devons pas être des ennemis », pouvait-on lire dans le Bulletin du comité de l'Afrique française. C'est pourquoi, malgré son caractère marginal, l'ASCOCAM recevait le soutien de la communauté blanche. L. Kaptué précise que cette association « était pratiquement toute-puissante et, en cas de crise, absolument tout le monde se réclamait d'elle ; une véritable « sainte alliance » s'établissait alors comme ce fut le cas, en septembre 1945 »[24].

En définitive, que retenir des précédents développements ? Deux faits. Le premier est que dans la hiérarchie de l'économie coloniale, précisément dans le milieu des affaires, les colons occupaient le sommet. Le deuxième est que ces derniers bénéficiaient d'un certain nombre de privilèges qu'ils n'entendaient pas perdre.

Tout l'intérêt qu'il y a eu à étudier les colons est lié au fait que ce sont eux qui ont constitué l'humus dans lequel le GICAM a poussé. À côté des colons, il y avait une autre catégorie : celle des étrangers.

---

[22] L. Kaptué, « Le syndicalisme ouvrier au Cameroun », *op cit.*, p. 23.
[23] J.F. Bayart, « Régime de parti unique », *op cit.*, p.14.
[24] L. Kaptué, « Le syndicalisme ouvrier au Cameroun », *op cit.*, p. 18.

B- Les étrangers

Le Cameroun a connu un véritable rush des investissements privés étrangers de la fin du XIXe au début du XXe siècle[25]. Au Cameroun allemand, l'application du « principe d'égalité économique »[26] justifiait déjà de l'existence d'une population blanche de toutes les nationalités et relativement nombreuse[27].

De plus, l'entrée du Cameroun dans le régime de mandat après la Première Guerre mondiale rendait le pays plus attractif. En effet, celui-ci faisait du Cameroun un territoire internationalement reconnu. C'est pourquoi : « le droit d'établissement et de protection des autres ressortissants des États membres de la SDN présents sur le sol camerounais »[28] était l'une des exigences que la France se devait de remplir en tant que puissance mandataire. La porte était donc théoriquement ouverte à tous[29]dans la mesure où : « tout le monde s'était assez vite rendu compte des vastes possibilités d'enrichissement qu'offrait le pays, à tous »[30]. C'est grâce à ces facteurs que le secteur privé s'est enrichi de nouvelles nationalités.

Le présent paragraphe s'intéresse d'abord aux Grecs, ensuite aux Syro-libanais et enfin aux Haoussa[31].

---

[25] Cette période correspond à celle du « boom colonial » caractérisé par l'expansion des entreprises un peu partout en Afrique.

[26]Ce principe était plus théorique que pratique, car l'administration coloniale allemande favorisait prioritairement les Allemands.

[27]EtogaEily en dresse un tableau récapitulatif.

[28] M.F. Akono Abina, « Présence et activités des Grecs au Cameroun : le cas de la ville de Yaoundé 1920-1981 », mémoire de Master en Histoire, UYI, 2010, p. 11.

[29] L. Kaptué, « Syndicalisme ouvrier au Cameroun »,*op cit.*, p. 15.

[30]*Ibid.*

[31]Il serait fastidieux de vouloir présenter toutes les nationalités présentes au Cameroun. Les quelques nationalités choisies ont l'avantage d'avoir fait l'objet d'études au Cameroun et en Afrique.

1.Les Grecs et assimilés

Pour ce qui est de la motivation des Grecs de s'installer au Cameroun, Drikespoulos Dimitri, interrogé par M. F Akono Abina, ne laisse planer aucun doute :

> Si les Grecs sont arrivés au Cameroun, c'est d'abord pour des raisons économiques. Le Cameroun était et reste géographiquement bien situé pour accueillir les commerçants hellènes. Tout le monde savait d'ailleurs que les Allemands avaient laissé un pays dont l'agriculture était prometteuse et c'est ce qui avait attiré les Grecs et d'autres immigrés dans ce pays[32].

Dès leur installation, les Grecs se sont livrés à leur activité de prédilection, le commerce, et ont tôt fait d'acquérir une place importante dans le milieu des affaires[33].

2.Les Syro-libanais

À côté des Grecs, l'on retrouvait un autre groupe tout aussi vivace dans le commerce : les Syro-libanais. Ces derniers ont été de redoutables concurrents un peu partout en Afrique. Ils n'ont pas fait mentir à leur réputation au Cameroun.

3.Les Haoussa

Après les Grecs et les Syro-libanais, il ya lieu de mentionner le cas des Haoussa originaires du Nigeria. Le point commun qu'ils ont avec les Grecs et les Syro-libanais est leur habileté à faire le commerce. Pour eux, c'est un métier de prédilection. A.P Temgoua montre qu'au Nord-Cameroun, à l'époque allemande, « [...] les Haoussa tiennent pratiquement le monopole de tout le commerce dans la région, et ceci depuis si longtemps qu'il est difficile à un

---

[32] M.F. Akono Abina, « Présence et activités des Grecs au Cameroun »,*op cit.*, p. 23.

[33] La place des Grecs dans le milieu des affaires au Cameroun colonial est présentée au grand II de ce chapitre.

commerçant allemand d'acheter directement la marchandise locale »[34]. Si ces derniers occupent cette position, c'est loin d'être le fait du hasard. La vérité est qu'ils ont les qualités pour : « [...] Endurants comme des chameaux, ne trouvant aucune distance trop longue, ils se déploient dans les régions sahéliennes et soudaniennes, leur zone d'élection »[35]. Les Haoussa sont si impliqués dans le commerce qu'il aura fallu « incontestablement »[36] l'usage de la force pour que l'Allemagne finisse par les écarter afin de contrôler le commerce dans le Nord- Cameroun.

Le groupe ainsi présenté (Grecs, Syro-libanais et Houssa) a tenu une place non négligeable dans le milieu des affaires. C'est un maillon que l'on ne peut passer sous silence lorsqu'on présente le secteur privé au Cameroun colonial. Après ce groupe se trouvent, au bas de l'échelle, les indigènes.

C- *Les indigènes*

L'introduction brutale du « mode de production capitaliste »[37] dans des sociétés africaines caractérisées par le « mode de production précapitaliste »[38] a occasionné, au XIXe siècle, un bouleversement des habitudes économiques[39]. Au départ, les Africains contrôlaient le commerce de l'intérieur vers la côte. Le troc était le principal moyen

---

[34] A.P Temgoua, « Commerçants allemands et marchands haoussa au Nord-Cameroun. 1902-1915 », *Humanitas*, 3e année, n°3, décembre 2004, pp.61-79. Rappelons que si nous faisons mention des Haoussa comme étrangers, c'est simplement qu'à l'époque, ils venaient tout droit du Nigeria et ils ne s'étaient pas encore établis au Cameroun comme c'est le cas aujourd'hui.

[35] *Ibid.*, p. 71.

[36] *Ibid.*

[37] C. Coquery Vidrovitch, « La mise en dépendance de l'Afrique noire »,*op cit.*, p. 18.

[38] *Ibid.*

[39] L. Kaptué, « Le syndicalisme ouvrier au Cameroun »,*op cit.*, p.6.

d'échange. Sur la côte, avec les Européens, les échanges s'effectuaient à peu près normalement[40]. Si pour les uns, les Européens en l'occurrence, « l'échange des biens manufacturés contre les matières premières importées se traduit, dans le cadre d'une économie industrielle, en termes de profit, c'est-à-dire en fonction des marges bénéficiaires réalisées »[41], pour les autres, les Africains, « l'objet n'a, à proprement parler, « pas de prix ». Il vaut par l'usage qu'on lui attribue [...] »[42]. C'est dire que dans ce dernier système économique : « on ne risque pas beaucoup plus d'être trompé sur la qualité que sur la quantité : le sel et le manioc de l'un, vaut le sel et le manioc de l'autre [...] »[43]. Ceci montre qu'à cette époque, l'un des partenaires, l'Europe, maîtrise le prix et l'autre partenaire, l'Afrique qui n'est pas organisée en « Etats plus puissants »[44], ignorant les techniques nécessaires, n'est pas « maître du prix »[45]. C'est dans ce système que fonctionnent les Douala, par exemple. A mesure que les échanges évoluent, une question taraude l'esprit des Européens : « mais ce que l'on obtient par l'échange, ne l'aurait-on pas plus aisément si l'on possédait en propre le pays qui le produit ? »[46]. La réponse à cette question n'a pas tardé à se manifester au cours de la seconde moitié du XIXe siècle. Rapidement, l'indigène « s'aperçut que l'Européen de 1880 n'était pas le même homme que celui de 1850 »[47]. La

---

[40] H. Brunschwig, « De la résistance africaine à l'impérialisme européen », *The journal of African history*, V.XV, November 1,1981, p. 44.
[41] C. Coquery Vidrovitch, « La mise en dépendance de l'Afrique noire »,*op cit.*, p. 30.
[42]*Ibid.*
[43] T. Obenga, *L'Afrique centrale précoloniale*, Paris, Présence Africaine, 1974, p. 76.
[44] H. Brunschwig, « Décolonisation et néocolonialisme », *op cit.*, p. 6.
[45]*Ibid.*
[46] A. Sarraut, *Grandeur et Servitude*, *op cit.*, p. 76.
[47] H. Brunschwig, « De la résistance africaine », *op cit.*, p. 52.

raison c'est que les Européens avaient décidé de « s'approprier »[48] les terres et l'économie des indigènes. H. Brunschwig écrit : « qu'ils s'étaient crus en présence d'Européens amicaux, du type de partenaire de la frange et s'apercevaient que leurs interlocuteurs parlaient en maîtres et mettaient bientôt fin à la palabre en recourant à la violence »[49]. Face à cette violence des Européens, les résistances africaines, en général, n'ont rien pu faire. La conséquence pour l'indigène a été profonde et irréversible au plan économique. Voici ce qu'écrit C. Coquery Vidrovitch à ce sujet :

> Dès la fin du 19e siècle, le commerce est entièrement passé aux mains des firmes expatriées, aussi bien, au départ, au niveau de la collecte des produits qu'en retour à celui de la vente en détail des biens d'importation. Le traitant africain se voit progressivement réduit au rôle de subalterne de colporteur ou de salarié (sous-gérant ou commis) [...][50].

C'est alors que l'indigène, jadis pièce centrale de l'économie précapitaliste, est ravalé au bas de l'échelle dans le mode de production capitaliste introduit par la force.

Cette présentation des acteurs du secteur privé au Cameroun colonial aura permis de mieux discerner la place des uns et des autres. Cette idée est perceptible dans cette pyramide de classification des acteurs qui sont les composantes du secteur privé au Cameroun colonial.

---

[48] *Ibid.*
[49] *Ibid.*
[50] C. Coquery Vidrovitch, « La mise en dépendance de l'Afrique noire »,*op cit.*, p. 31.

Graphique 1 : Pyramide de classification des composantes du secteur privé au Cameroun colonial.

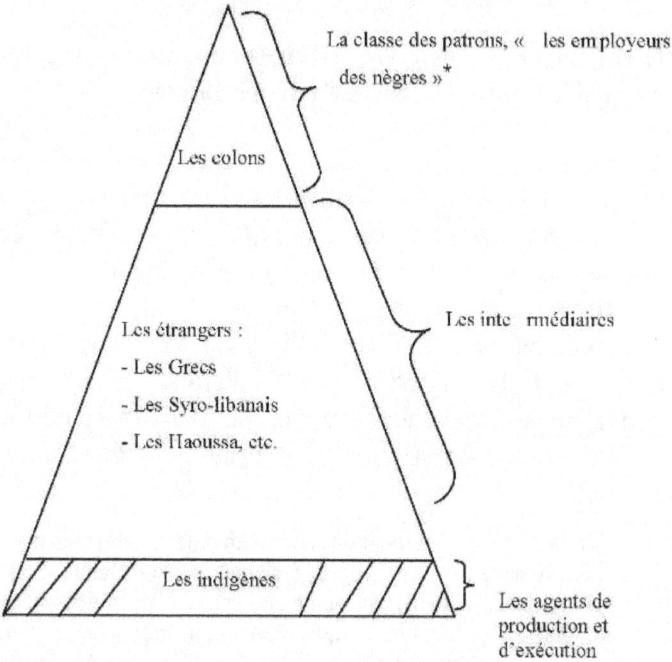

* L. Kaptué, « Le syndicalisme ouvrier au Cameroun »,*op cit.*, p. 6.

Source : *Élaboré par nous-mêmes à partir des informations tirées de nos lectures.*

En jetant un coup d'œil rapide sur ce graphique, on peut aisément voir que dans la pratique des affaires au Cameroun colonial, les colons sont au sommet et ils usent de tous les moyens pour contrôler l'économie. Les intermédiaires ont une place importante et les indigènes sont au bas de l'échelle. La déduction possible est la suivante : au Cameroun colonial, dans le milieu des affaires, il y avait des pratiques discriminatoires. Cependant, les autres partenaires sont si importants que la collaboration était indispensable. C'est pourquoi le prochain paragraphe traite de la discrimination et de l'interdépendance dans l'environnement des affaires au Cameroun colonial.

II- L'environnement des affaires au Cameroun colonial : entre discrimination et interdépendance

Comme il a déjà été souligné, l'objectif premier qu'avaient poursuivi et réalisé les Européens au Cameroun colonial était de déconstruire le système économique existant pour en instaurer un qui soit à leur avantage. C'est pourquoi les firmes européennes, aidées la plupart du temps par l'administration coloniale, usaient de tous les subterfuges pour contrôler l'économie. Toutefois, ces firmes ne pouvaient à elles seules avoir la pleine maîtrise de tous les circuits économiques. Le principe de « l'égalité économique » en vigueur au Cameroun :

> Y a facilité l'installation de commerçants étrangers. Sur 760 établissements européens, 315 seulement sont français, les autres sont grecs, anglais, syro-libanais, etc. à quoi s'ajoutent près de 9 000 établissements commerciaux indigènes. L'importance des uns et des autres est diverse : depuis la factorerie de brousse ou le poste de traitant sur les marchés périodiques, jusqu'à la grosse maison d'importation-exportation, la gamme en est des plus variées[51].

Ce court texte montre bien qu'il y avait une interdépendance entre les acteurs économiques exactement comme dans un système écologique.

Ce paragraphe entend donc présenter, d'une part, la discrimination qui avait lieu dans le contrôle des secteurs productifs, dans l'octroi du crédit et dans la fiscalité. D'autre part, il s'intéresse à l'interdépendance en se focalisant sur le rôle des indigènes et des étrangers.

---

[51] E. Guernieret G. Froment-Guieysse (sous la direction de), *L'encyclopédie coloniale et maritime*, Paris, 1950, pp. 457-459.

A- De la discrimination

Afin de mieux apprécier la discrimination dans l'environnement des affaires au Cameroun colonial, l'approche comparative est privilégiée dans cette étude. Et pour cause. J. N. Loucou et C. Wondji soulignent que « l'historien doit [...] porter son regard sur les sociétés voisines et contemporaines afin d'établir des comparaisons suggestives et éclairantes »[52].

1. De la discrimination dans le contrôle des secteurs productifs

Pour asseoir « la pratique de l'hégémonie coloniale »[53] en Afrique d'une façon générale, l'État et les entreprises ont dû, malgré les mésententes occasionnelles[54], marcher la main dans la main, collaborer. Le contrôle des secteurs productifs s'est fait avec la bénédiction de l'administration ou de l'État colonial. Le premier élément qu'il a fallu contrôler, c'était la terre. Pour y arriver, voici le subterfuge employé par les Européens analysé par H. Brunschwig :

> Les Blancs passèrent avec les chefs noirs d'innombrables traités [...]. Ils promirent en général aux indigènes le respect des institutions coutumières, les droits de propriété ou d'usage sur les terres, et des cultes. Puis ils violèrent ces principes qui s'opposaient souvent à la civilisation supérieure dont ils prétendaient faire bénéficier les Noirs. La vieille Afrique fut

---

52 Jean Noël Loucou et Christophe Wondji, « Histoire et développement », *Cahiers d'Etudes Africaines*, volume XVI, N°61-62, 1977, p. 76.

53 J. L. Vellut, « Hégémonie en construction : articulations entre Etat et entreprises dans le bloc colonial Belge (1908-1960) », *Revue canadienne des Etudes Africaines*, vol.16, n°2, 1982, p.322.

54 Ce qui a opposé l'Etat colonial et les privés c'est le fait que l'Etat colonial devait garantir les intérêts de la métropole alors que les privés se souciaient de leur bien propre. L'Etat colonial pesait donc de tout son poids pour préserver « l'intérêt général de l'empire ». H. D'Almeida-Topor, *L'Afrique au XXe siècle*, Paris, A. Colin, 2003, p. 21.

menacée de toute part ; la paix mina les institutions de celles des ethnies qui étaient fondées sur les razzias et sur la guerre. Les routes et les chemins de fer minèrent les tribus courtières. Les grandes plantations écartèrent les indigènes des meilleures terres[55].

La probité de cette analyse repose sur des preuves concrètes. G. Deganendji écrit que : « pour les colonisateurs européens, les terres considérées comme vacantes, au mépris des droits coutumiers des personnes et des collectivités, constituaient le domaine de l'État [colonial] »[56]. Pour ce qui est du Congo-Brazzaville, future capitale de l'AEF, l'auteur souligne que « quarante sociétés anonymes se virent accorder de mars à juillet 1899, des concessions de trente ans couvrant à peu près 70 % de la surface du Congo [future capitale de l'AEF], soit 650.000 km² »[57]. Et d'une façon générale, « toutes les sociétés concessionnaires ignoraient purement et simplement les droits des habitants autochtones, livrés ainsi à la merci des compagnies »[58].

Au Congo belge, l'Etat s'était fortement impliqué dans le contrôle de la terre : « Dès 1885, il [Léopold II] proclamait que toutes les terres prétendument vacantes devenaient la propriété de l'État indépendant du Congo. Celles-ci mises à part (sic) des surfaces immenses réservées à la couronne étaient concédées à des grandes compagnies »[59].Les exemples pris au Congo belge et au Congo-Brazzaville prouvent que les Européens avaient effectivement pris le contrôle des terres. Le Cameroun n'y avait malheureusement pas échappé. Il est bien connu que l'Allemagne avait accordé de larges concessions territoriales à quelques-unes de ses compagnies. H. Brunschwig écrit que « Le but du directeur

---

[55] H. Brunschwig « De la résistanceafricaine »,*op cit.*, p.56.

[56] G. Deganendji, « Monnaie et échanges en Afrique centrale zone franc CFA XIXe –XXe siècle », Thèse de Doctorat/ph.D en Histoire, UYI, Décembre 2000, p. 100.

[57]*Ibid.*

[58]*Ibid.* p. 101.

[59]*Ibid.*, p. 98.

des colonies, Von Buschka, lorsqu'il crée, en 1898, les deux sociétés concessionnaires du Nord-West Kamerun, était d'attirer les capitaux privés pour la mise en valeur de vastes territoires »[60].Même si, comme le souligne l'auteur, l'espoir des promoteurs a été déçu, il reste que

> La société du Nord-West Kamerun, animée par le spéculateur Julius Scharlach, enrichit ses fondateurs allemands et belges par un coup de bourse, exploita son monopole commercial en soumettant les indigènes au travail forcé :« coloniser, pensait Scharlach, ne signifie pas civiliser les indigènes, mais... les anéantir. Le sauvage ne tolère pas la culture[61].

Ce texte prouve que les colons allemands contrôlaient avec toute la brutalité possible la terre.

Au Cameroun français, la situation différait de peu. F. Etoga Eily explique que l'administration française semble avoir opté pour « la mise au point d'une législation foncière qui devait sauvegarder au maximum les intérêts des indigènes [...] »[62]. La conséquence de cette politique, tel qu'il conclut lui-même, est que : « les régimes foncier et forestier ont [...] incontestablement favorisé l'accession de l'indigène à la propriété du sol »[63]. Si l'on peut donc admettre qu'à la différence de l'Allemagne, la France a eu une politique foncière assez souple, doit-on en conclure que les indigènes, sous le joug français, pouvaient produire autant qu'ils le voulaient, pouvaient vendre à des prix avantageux ?

La réalité prouve le contraire. En effet, en plus de la terre, les Européens et certains étrangers avaient la mainmise sur les secteurs porteurs au détriment des nationaux. Il ne faut

---

[60] H. Brunschwig, « Ouvrages récents sur le Kamerun allemand », *Annales de la Faculté des Lettres et Sciences Humaines*, vol.1, Yaoundé, 1972.
[61] *Ibid.*, p. 12.
[62] F. EtogaEily, *Sur les chemins du développement*, Yaoundé, CEPER, 1971, p. 338.
[63] *Ibid.*, p.339.

pas perdre de vue que dans le monde des affaires coloniales : « les maisons de commerce agissent de façon à pouvoir se passer des traitants (place qu'occupent largement les indigènes) [...], à pouvoir les écraser »[64]. La preuve de cette pratique discriminatoire est perceptible au Dahomey[65] et plus grave au Cameroun.

Au Dahomey, B.C. Codo et S.C. Anignikin écrivent que :« l'attitude du pouvoir colonial envers le secteur "indigène" relève [...] d'une politique cohérente visant à sa marginalisation »[66]. En d'autres termes, la politique coloniale vise à écarter l'indigène des circuits économiques porteurs. Les auteurs expliquent que ce sont les entreprises européennes, avec la bénédiction de l'administration coloniale, qui contrôlent absolument tous les secteurs productifs. Ils soulignent même qu'

> À partir de 1925, profitant de l'extension des réseaux ferroviaires et routiers, les maisons coloniales vont multiplier les comptoirs à travers le pays avec pour objectif de monopoliser tout le commerce, même celui du détail. Une telle initiative va handicaper les commerçants dahoméens[67].

Le Dahomey apporte ainsi la preuve que les hommes d'affaires européens (français en majorité dans cette partie à

---

[64] L. Marfaing, Boubacar Barry, L. Harding, « L'implantation des maisons de commerce au Sénégal et la réaction du commerce africain 1885-1930 », L. Harding (sous la direction de), *Commerce et Commerçants en Afrique de l'Ouest. Le cas du Sénégal*, Paris, L'Harmattan, 1992, p. 331.

[65] Si nous avons choisi le Dahomey, colonie française d'Afrique de l'Ouest, c'est parce que l'économie de traite s'est plus développée dans cette partie de l'Afrique.

[66] B.C. Codo et S.C. Anignikin, « Pouvoir colonial et tentatives d'intégration africaines dans le système capitaliste : le cas du Dahomey entre les deux guerres », *Revue canadienne des Etudes Africaines*, vol.16, n°16, 1982, p. 336.

[67] *Ibid.*, p. 338.

l'ère coloniale) ont la mainmise sur tout. Le Cameroun français a connu la même expérience.

En effet, le Cameroun, dans la deuxième moitié du XXe siècle, était une destination privilégiée des investisseurs. R. Joseph rapporte les propos d'A. Soucadaux sur l'attrait qu'exerçait le Cameroun à cette époque :

> Attirés par la solidité des structures économiques et par le calme politique du territoire, d'importants capitaux métropolitains affluent au Cameroun. Ainsi, à Douala seulement, on a investi pour un milliard de francs CFA en 1951. Les grandes firmes qui quittent l'Indochine sont intéressées par l'établissement de grandes plantations de caoutchouc et de l'huile de palme à côté de celles qui existent[68].

Cet afflux des investisseurs a occasionné le contrôle par les colons de la majorité des secteurs productifs au Cameroun tels que : l'agriculture, le secteur forestier et l'industrie.

Dans le secteur agricole, il existait des pratiques discriminatoires tout à l'avantage des seuls Européens. Si l'on prend le cas de la culture du café, il apparaît clairement que les colons n'admettaient pas que les indigènes s'enrichissent grâce à sa culture. Le système était verrouillé[69] : « Les conditions, souligne C. Signé, étaient si difficiles qu'il n'était pas permis à tous ceux qui avaient envie de s'enrichir de cultiver le caféier, même s'ils disposaient, comme l'exigeaient les administrateurs coloniaux, du terrain et de la main-d'œuvre nécessaire »[70].

---

[68] R. Joseph, *Le mouvement nationaliste au Cameroun*, *op cit.*, p. 131.

[69] Christophe Signié, dans son mémoire de Maîtrise, expose clairement les verrous posés par l'administration coloniale afin de restreindre la culture du café. Lire C. Signié, « L'UCCAO et sa contribution au développement économique et social de la province de l'Ouest-Cameroun. 1958-1990 », mémoire de Maîtrise en histoire, UYI, 1999.

[70] *Ibid.*, p. 10.

Ce qui est vrai pour le café, l'est aussi pour la banane, du moins jusqu'à la fin de la Deuxième Guerre mondiale: « [...] les fermiers blancs détenaient le monopole de la banane et du café que les Camerounais, essentiellement des Bamiléké, ne réussirent à entamer qu'après la guerre pour finalement en partager à égalité avec les Blancs le marché de l'exportation »[71].

Dans le secteur forestier, la situation était difficile pour les Camerounais. En effet, si l'on peut admettre que la France, contrairement à l'Allemagne, avait institué un régime forestier au Cameroun[72], il y a lieu de reconnaître que non seulement ce régime forestier n'était qu'une reproduction des régimes existant dans les autres colonies françaises[73], mais aussi ce régime :« Adopta [...] une méthode qui consistait à n'octroyer des concessions que proportionnellement aux garanties présentées par les titulaires de les mettre en valeur ; en clair, c'était aux Européens qu'allaient revenir tout naturellement les permis les plus intéressants [...] »[74]. C'est la preuve que les indigènes ne pouvaient avoir accès à la coupe de bois de valeur telle l'ébène, particulièrement prisée par les marchés métropolitains et étrangers[75].Ils n'étaient limités que pour le bois de chauffage.

Voici deux tableaux qui attestent de l'existence de la discrimination dans le secteur forestier (bois d'ébène) au Cameroun :

---

[71] R. Joseph, *Le mouvement nationaliste au Cameroun,op cit.,* p. 134.
[72] ''C'est par un arrêté du 15 septembre 1921 pris en application du décret du 11 août 1920 que fut institué un régime forestier au Cameroun.'', F. Etoga Eily, *Sur les chemins du développement,op cit.* p. s420.
[73]*Ibid.*
[74]*Ibid.*
[75]*Ibid.*

Tableau 1 : Permis de coupe d'ébène (1930-1948)

Nom et l'exploitant	**Zone concernée**	**Tonne**	**Année**
Alphonse Beynis	Région Frédéric Foé	10	9 octobre 1930
Louis Tanguy	Voie ferrée Otélé-Mbalmayo	10	18 novembre 1931
Chanderlaine de Tancarville	Région Frédéric Foé	10	26 septembre 1931
Walter Würmli	Région du chef AtanganaFouda	10	5 avril 1931
//	Région FoéWono	10	26 septembre 1939
//	Région Jean Fouda	10	1 janvier 1942
//	//	10	9 octobre 1941
Mme Esseul	Région Frédéric Foé	10	1944
Agryphos	Région Henri Biyidi	10	1947
SAFA	Mbalmayo	10	1948

Source : Jean Louis Noah Messi, « Approche historique », mémoire de Maitrise en histoire, Université de Yaoundé I, 2001, pp. 32-34.

Tableau 2 : Permis de coupe de bois de chauffage (1947-1950).

Nom de l'exploitant	**Zone concernée**	**Superficie en hectares**	**Année**
Gaspard Abe	Ouest-Otélé-Mbalmayo	100	1947
François Nkongue	Région de Mbalmayo	100	1948
Mme Mondoh	Amont pont du Nyong	100	1950
Mme Tsala Lucie	Route Yaoundé-Ebolowa	25	1956

Source : *Jean Louis Noah Messi, « Approche historique », op cit.*,p. 34.

Ces deux tableaux montrent bien que les Européens contrôlent les secteurs intéressants dans le milieu forestier.

Dans le commerce et l'industrie, les choses étaient encore bien plus compliquées pour les Camerounais. Dans le commerce par exemple, il est bien connu que : « Dès la fin du 19esiècle, le commerce est entièrement passé aux mains des firmes expatriées »[76]. Mais, cela n'empêchait pas les Africains de titiller les poids lourds européens. C'est vrai que l'arrivée des Grecs et des Syro-libanais et leur infiltration dans le circuit économique ont contribué à maintenir les Camerounais au bas de l'échelle dans le commerce. C'est le constat que fait R. Joseph :

> Dans le secteur commercial, la situation du Cameroun ne différait guère de ce que l'on trouvait ailleurs en Afrique coloniale française. Pour l'essentiel, le commerce de gros et de détail était aux mains des grandes firmes du commerce colonial qu'on rencontrait ailleurs qu'en Afrique occidentale, tandis que Grecs et Libanais contrôlaient le niveau intermédiaire pour le commerce de détail et l'achat des produits agricoles[77].

Cette situation préoccupait les opérateurs économiques camerounais. Le discours de Monsieur Tina Bonfils, rapporté par R. Joseph, mérite d'être relu pour se rendre compte du degré de marginalisation :

> Monsieur le président [de la chambre de commerce], il faut être à l'intérieur des régions pour vous rendre compte combien souffrent les petits commerçants. Tous les articles d'importation... farine, tôles, essence, pétrole, savon, riz, sucre, voire les cigarettes qui se fabriquent sur place, sont tous monopolisés. Sur 60.000 tonnes de cacao commercialisées en 1954, 500 tonnes seulement étaient transportées sur des camions africains. Je peux vous en donner la preuve dans la région du Dja-et-lobo, où 95 pour cent du cacao sont évacués par les camions européens... si le transport est réservé à certains privilégiés européens, il n'est pas normal que l'achat soit

---

[76] C. Coquery Vidrovitch, « La mise en dépendance de l'Afrique noire »,*op cit.*, p.31.

[77] R. Joseph, *Le mouvement nationaliste au Cameroun,op cit.*, p. 133.

> également réservé à ceux-ci, je veux dire l'achat en brousse [...] laissez le commerce de détail aux petits commerçants ainsi que les achats dans les marchés de brousse[78].

Voilà qui est clairement exprimé. Dans l'industrie, les Camerounais n'avaient pas une place reluisante. L. Kaptué le prouve lorsqu'il écrit :

> Si dans le commerce on rencontrait quelques Africains courageux faisant une inoffensive concurrence aux détaillants expatriés, dans l'industrie en revanche, il n'y avait pas de place pour les amateurs. Les expatriés dominaient absolument tout, depuis les industries alimentaires (brasseries, minoteries) jusqu'à d'autres plus sophistiquées, concernant notamment : le bois, les minerais (or, rutile, cassitérite), la chimie, la mécanique et d'autres. L'Africain n'était concerné par ces unités que parce qu'il fournissait la main-d'œuvre nombreuse et indispensable à leur fonctionnement. L'Européen semblait être né patron, détenteur de fonds pour la création des entreprises industrielles ; l'autochtone paraissait condamné à être salarié misérable [...][79].

Telle était la triste réalité. D. Kom, dans un tableau, montre la part des capitaux privés étrangers dans le commerce, l'agriculture et l'industrie au Cameroun colonial :

Tableau 3 : Investissements privés étrangers au Cameroun colonial.

Secteur	**Provenance des capitaux**	**Évaluation en millions**	**Total**
Commerce	- Français - Grec - Anglais	- 3 000 - 836 - 650	4.486
Agriculture	- Français - Libanais	- 5 000 - 100	5.100
Industrie	- Français - Grec	- 18 000 - 300	18.300
Totaux			**27.886**

Source : David Kom, *Le Cameroun. Essai d'analyse économique et politique,* deuxième édition, Paris, L'Harmattan, 2001, p. 153.

---

[78] *Ibid.*, pp.317-318.

[79] L. Kaptué, « Le syndicalisme ouvrier au Cameroun »,*op cit.*, p.17.

Ce tableau montre bien que les expatriés contrôlaient une large part de l'économie du territoire. Mais ce contrôle aurait été difficile sans l'application d'une politique discriminatoire dans l'octroi du crédit et dans la fiscalité.

2. Dans l'octroi du crédit

G. Vanpouille, dans une lettre ouverte publiée dans *La Presse du Cameroun* en mai 1957, fait la mise au point suivante :

> Savez-vous ce que représente en gros « le crédit » dans un pays ? C'est un signe de prospérité... par son étymologie : ''credere'' croire, faire confiance, le mot crédit exprime bien la cause du contrat et c'est dans ce sens que l'on dit : ''la confiance est mère du crédit'' et que l'on emploie les expressions : '' avoir du crédit'' dans le sens de inspirer confiance ''faire crédit'' dans le sens de faire confiance...[80].

Par cet argumentaire, G. Vanpouille fustige ceux des Camerounais qui avaient du mal à discerner le crédit obtenu à leur bien propre,causant du tort à leurs malheureux créanciers. Doit-on conclure que la discrimination pratiquée dans l'octroi du crédit au Cameroun colonial avait pour seul fondement le déficit de confiance entre les banques et les commerçants indigènes ? Répondre par l'affirmative tronquerait la réalité de l'époque. En effet, le crédit était pour les Européens une forme d'épée à double tranchant. D'un côté, c'était un instrument de domination. De l'autre, c'était un instrument qui aidait à éliminer l'indigène du circuit économique.

Au Cameroun allemand, F. Etoga Eily montre que la firme Woermann avait pris de très gros risques en accordant massivement du crédit aux indigènes. C'était dans un but bien précis. En effet :

---

[80] G. Vanpouille, « Lettre ouverte à monsieur l'anonyme auteur de l'article « arrêtez les scandales ! » » paru dans *Le Cameroun libre*, *La Presse du Cameroun*, n°2125 du vendredi 31 mai 1957, p.52.

Grâce aux crédits avantageux qu'elle accordait très largement aux indigènes de Douala, la firme Woërmann put disposer de gros atouts contre les autres commerçants ; les sommes importantes que lui devait par ce biais la famille Bell lui donnèrent, dit-on, l'occasion de patronner cette dernière et d'en faire pratiquement un instrument à son service...»[81].

Au Cameroun français et même dans les colonies d'une façon générale, la pratique d'une politique de crédit avait pour but d'introduire ce que C. Coquery Vidrovitch et Samir Amin ont appelé le mode de production capitaliste, l'économie marchande. C'est pourquoi au Cameroun colonial, « les banques commerciales existantes ont servi [...] à enrôler les populations dans une économie de marché n'ayant aucun lien avec les traditions et diverses cultures »[82]. Très tôt cependant, cette politique a contribué à assujettir les Africains dans la mesure où : « [...] les traitants ont toujours des dettes énormes dans les maisons qui les fournissaient et que cependant ces maisons leur conservent du crédit et font fortune »[83].

En plus d'être un instrument de domination, le crédit servait aussi à éliminer les Camerounais du circuit économique. Pour s'en convaincre, voici une plainte exposée par un homme d'affaires camerounais, cité par M.F. Akono Abina :

Nous avons le respectueux honneur d'exposer à votre haute bienveillance certaines questions concernant les petits commerçants que nous sommes. Nous nous trouvons dans une situation qui ne nous permet pas de prospérer dans nos affaires, car nous sommes à la merci et à la dépendance des commerçants européens, lesquels sont plus avantagés que nous par les grandes

---

[81] F. Etoga Eily, *Sur les chemins*, *op cit.*, p.141.

[82]Tourere Zenabou, « La réglementation bancaire au Cameroun : Bilan et perspectives », mémoire de DEA en Sciences Economiques, UYII, janvier 2001, p.86.

[83]B. Barry, L. Harding, M. Sow, « Le crédit aux commerçants sénégalais », *Commerce et commerçantsen Afrique de l'Ouest*, 1992, p.250.

> firmes de la place. Ces maisons accordent des crédits et des prix de gros très forts aux commerçants précités. Et n'accordent que très rarement aux commerçants africains. En conséquence, le petit commerçant africain tend à être éliminé. Et beaucoup ont déjà abandonné au profit des commerçants européens[84].

Cette plainte exprime clairement le fait que les Européens n'accordaient pas le crédit aux indigènes afin de les écarter de l'économie. Pour R. Joseph, cela a joué un grand rôle dans l'éveil du nationalisme :

> La mauvaise volonté des banques à accorder des prêts aux Camerounais pour leur permettre d'entrer dans le commerce local ou l'import-export, les retards de l'administration pour la délivrance des patentes nécessaires, poussèrent vers des positions plus nationalistes bien des Camerounais modérés [...][85].

Au final, il est établi que la pratique discriminatoire dans l'octroi du crédit avait bien plus de mobiles que la simple confiance. Il n'y avait pas que le crédit qui était instrumentalisé. L'impôt y avait aussi joué un rôle primordial.

3- Dans la fiscalité

L'impôt était un élément vital dans le fonctionnement de la colonie. En effet, comme l'a souligné C. Coquery Vidrovitch, les colonies ne devaient rien coûter à la métropole. Par ce fait même, la couverture des besoins financiers par l'administration coloniale devait largement faire appel à la fiscalité. C'est tout le sens de l'autonomie financière établie au Cameroun par le décret du 23 mars 1921[86]. La question est de savoir qui devait en supporter la charge. La réponse la plus évidente est que tous les acteurs

---

[84] M. F. Akono Abina, « Présence et activités des Grecs au Cameroun »,*op cit.*, p.80.

[85] R. Joseph, *Le mouvement nationaliste au Cameroun,op cit.*, p. 133.

[86]L.C Assene Atemengue, « La politique fiscale de la France au Cameroun 1945-1960 », mémoire de Maîtrise en histoire, UYI, 2007-2008, p.11.

de la vie économique devaient y contribuer. En effet, ainsi que le rappelle R.P. Anouma, « les seuls indigènes ne pouvaient porter le poids des charges qu'entraîne la vie dans la société coloniale. C'est dans ce contexte qu'il faut situer l'imposition des Européens »[87]. Européens et indigènes payaient l'impôt, certes, mais la charge fiscale des Européens n'était pas proportionnelle à celle des indigènes. Les raisons de « cette inégalité de traitement »[88] se situaient à plusieurs niveaux. D'abord, l'administration coloniale se devait d'attirer les investissements des capitaux privés dans ses colonies. Pour ce faire, elle accordait des primes que R. P. Anouma répertorie ainsi qu'il suit : « prime à l'investissement [...], rémunération du « risque économique » et du « risque climatique » sans doute le plus important »[89]. Dans cette énumération des avantages dont bénéficiaient les entrepreneurs européens, « le risque climatique » occupait une place importante. Cela se justifie par le fait que :« Cette notion de risque climatique à couvrir par une exemption de toute imposition de l'Européen venu risquer sa vie pour le triomphe de la civilisation sur la barbarie trouve son origine dans la représentation lointaine de l'Afrique dans la mentalité occidentale »[90]. Justement, le Cameroun a souffert de ces stigmates. C'était le pays de la mort. Voici le texte de M. F. Dippold qui le confirme :

> Tout au début de l'ère coloniale, le Cameroun avait été identifié à ses parties connues, c'est-à-dire au littoral et à la ville de Douala [...] or, c'est l'insalubrité de cette région qui la fit connaître, et s'appelait, d'après une expression courante chez les auteurs anglais, ''la tombe humide des marins'', ''la tombe des Blancs'' ; vers 1890, la mortalité parmi la population européenne s'élevait à 20 %. [...] Pendant de longues années, ce nom de Todesland,

[87] R.P Anouma, *Corset colonial et prise de conscience 1920-1946*, Paris, L'Harmattan, 2006, pp.562-563.
[88] *Ibid.*, p.564.
[89] *Ibid.*
[90] *Ibid.*

> Fieberland (‘‘pays de la mort’’, ‘‘pays de la fièvre’’) hantera l’Europe, se conjuguera fréquemment avec le nom de l’Afrique[91].

Étant le pays de la mort, les Européens qui « risquaient » leur vie pour faire les affaires au Cameroun bénéficiaient d’un allègement fiscal.

Ensuite, dans les colonies, le régime fiscal était moins lourd que dans la métropole. C’est la raison pour laquelle : « [...] les sociétés coloniales avaient un intérêt matériel considérable à s’évader de la fiscalité métropolitaine pour se placer sous le régime fiscal moins exigeant de la colonie »[92]. Les Européens payaient donc moins par rapport aux indigènes. Voici une preuve supplémentaire matérialisée dans un tableau.

Tableau 4 : Rapport entre l’impôt payé par les Africains et les Européens de 1937-1938 au Cameroun, au Sénégal, en Côte d’Ivoire et au Dahomey

Colonies	**Impôts européens**		**Capitation indigène**	**% de l’impôt par rapport aux Européens**	
	IP + CM	**IR**		**Total pour Européen**	**Total à la capitation indigène**
Cameroun (1938)	250.000	350.000	24.150.000	1,5	2,4
Sénégal (1938)	2.396.000	1.600.000	21.300.000	8,2	18,7
Côte d’Ivoire (1937)	360.000	510.000	38.700.000	1,4	2,2
Dahomey (1937)	185.000	100.000	15.250.000	1,3	1,8

Source : R. P. Anouma, *Corset colonial*, *op cit.*, p. 571.

NB : **IP**=impôt personnel. **CM** = contribution mobilière
IR= impôt sur le revenu

---

[91] M.F. Dippold, « L’image du Cameroun dans la littérature coloniale allemande », *Cahiers d’Etudes Africaines,* n° 49, vol. XIII, 1973, p. 41.
[92] R.P. Anouma, *Corset colonial*, *op cit.*, p. 565.

Le constat, au regard de ce tableau, est que la part des Européens dans la fiscalité est faible. Au Cameroun par exemple, la capitation indigène rapporte à l'administration coloniale 24.150.000 FCFA, tandis que la somme de l'impôt européen (IP+CM + IR) est de 600.000 FCFA. Le gap est de 23.550.000 FCFA.

Enfin, l'impôt devait servir à décourager l'indigène. Au Dahomey par exemple, l'instauration d'une politique fiscale discriminatoire avait contribué à affaiblir les positions économiques des indigènes[93]. Au Cameroun, les multiples usages de l'impôt ont contribué à torturer l'homme et à l'affaiblir au plan économique[94].

En somme, les Européens contrôlaient les secteurs productifs, le crédit et l'impôt. Dans un système aussi verrouillé, l'indigène, bien que mis à l'écart, avait sa place tout comme l'étranger : c'est l'interdépendance.

B- L'interdépendance

L'interdépendance dans le milieu des affaires au Cameroun colonial se justifie par le rôle joué par les indigènes et les étrangers dans un circuit économique largement dominé par les Européens.

1. Les indigènes : un maillon essentiel, bien que marginalisé

Les précédents paragraphes ont tenté de montrer que l'indigène a été écarté par la force du circuit économique. L'on se serait attendu à ce que celui-ci disparaisse au profit des firmes européennes et étrangères. Loin de disparaître, il « s'est plutôt retrouvé marginalisé sur la longue durée »[95].

---

[93] B.C Codo et S.C. Anignikin, « Pouvoir colonial »,*op cit.*, p.338.

[94] L.C AsseneAtemengue, « La politique fiscale »,*op cit.*, p.28.

[95] M. Mbodji, « D'une frontière à l'autre, ou l'histoire de la marginalisation des commerçants Sénégambiens sur la longue durée : la

Cependant, il n'en était pas moins un maillon essentiel dans le circuit économique. C'est vrai au Sénégal, au Dahomey et au Cameroun.

Au Sénégal, pendant la période coloniale, la volonté des Européens de contrôler le circuit de la production et de la commercialisation de l'arachide s'était heurtée à un obstacle : celui de la connaissance du terrain et de la manutention du produit. Dans ce contexte, l'indigène devenait incontournable. La collaboration était quasiment obligatoire. L. Marfing le fait savoir lorsqu'elle écrit si bien que

> Les maisons de commerce sont confrontées au commerce africain, l'utilisent, cherchent si non à le contourner, souvent à le soumettre ou même à le détruire. Le commerce évolue dans de telles proportions que même si les maisons de commerce tentent de s'en approprier le monopole, le nombre des Européens sur place ne suffit pas pour effectuer toute la manutention nécessaire au transport, au traitement de l'arachide. Les Africains sont nécessaires à tous les niveaux de la manipulation du produit[96].

Ce qui est vrai pour le Sénégal l'est aussi pour le Dahomey. En effet, les Dahoméens maîtrisaient leur espace mieux que personne. C'était indispensable de s'attacher leurs services. B.C. Codo et S. Anignikin relèvent une fois encore qu'

> En effet, les entreprises coloniales vont être limitées dans leurs possibilités d'intervention et ces limites sont inhérentes au type d'activité économique pratiquée au Dahomey : c'est l'économie de traite qui fait grande place au paysan comme producteur indépendant, c'est l'acheteur qui doit aller vers lui pour s'approvisionner. Ce type d'activité fortement saisonnière exige alors un important personnel qui doit battre campagne. Les maisons commerciales européennes, qui n'entendent pas opérer de lourds investissements, sont amenées à compter sur les

---

Gambie de 1816 à 1970 », *in Commerce et commerçantsen Afrique de l'Ouest*, *op cit.*, p.232.

[96]L. Marfaing et al, « L'implantation des maisons de commerce », *op cit.*, p.335.

intermédiaires chargés de la collecte. [...] de tels faits vont donc favoriser l'essor d'un secteur "indigène" de l'économie de traite sous la colonisation[97].

Au Cameroun, les mêmes causes ont produit les mêmes effets. Les Camerounais ont su s'adapter au circuit économique existant, malgré les vicissitudes de l'administration coloniale. Ils ont joué le rôle d'agents de production et de commercialisation. Ils ont même été des clients pour les firmes étrangères. Ce n'est donc pas un hasard si le *Guide de la colonisation* fait la recommandation suivante à tout Européen désirant faire fortune au Cameroun : « Nous ne conseillons pas à l'Européen le petit commerce de détail. Les indigènes, dont les besoins sont limités, sont des concurrents redoutables »[98]. Bien plus, en tant que client, le Camerounais faisait partie des principaux consommateurs des produits vendus par les maisons de commerce européennes. Sa participation en cette qualité était un gage de stabilité en période de crise. *Le Guide de la colonisation* en apporte la preuve. On peut y lire que :« Si le Cameroun reste exposé, comme tout pays, aux atteintes d'une crise générale, il est à l'abri d'une crise intérieure et l'indigène, dont les facultés de dépenses augmentent, s'y trouve dans un état de sécurité matérielle à peu près entier »[99].

En outre, l'indigène était au centre de la production. Sans la main-d'œuvre indigène, l'économie était vouée à l'échec. Le succès des intermédiaires ne pouvait avoir lieu que si celui-ci avait produit.

---

[97]B.C Codo et S.C Anignikin, « Pouvoir colonial », *op cit.*, p.333.
[98]*Guide de la colonisation au Cameroun*, Paris, librairie Emile Larousse, 1927, p.121.
[99]*Ibid.*, p.122. C'est aussi vrai qu'à certains moments, la chute des prix de la production indigène entraînait automatiquement une baisse du pouvoir d'achat, rendant par le fait même ce dernier incapable de se procurer les produits issus de l'importation dont le prix, lui, restait assez stable. F. EtogaEily, *Sur les chemins,op cit.*, p. 482.

En définitive, l'indigène, bien que marginalisé, était un maillon essentiel dans l'environnement des affaires en Afrique coloniale en général et au Cameroun en particulier.

Cependant, il a été sérieusement bousculé par l'implication des Grecs et des Syro-libanais. Ces derniers sont devenus des fournisseurs quasi exclusifs des maisons de commerce européennes.

2. Les étrangers : principaux fournisseurs des maisons de commerce européennes

Dans le groupe des étrangers, seuls les Grecs et les Syro-libanais ont été retenus.

Les Grecs sont arrivés au Cameroun pour des raisons économiques. Leur objectif était de « travailler en tant que commerçants ou agents de commerce dans les premières grandes factoreries et maisons de commerce installées pour la plupart à Douala et à Yaoundé »[100]. Avec le temps, les Grecs ont acquis en importance ;le contexte local favorisant leur intégration dans le circuit économique. En effet, le Cameroun, du point de vue de l'outillage économique, présentait de nombreuses insuffisances. Le haut-commissaire A. Soucadaux soulignait déjà que « le Cameroun est un pays riche qui ne peut pas transporter ses richesses »[101]. Cela signifiait que le déficit en infrastructures de transport était important. C'est dans le souci de résoudre cette difficulté que les maisons de commerce ont fait appel aux commerçants intermédiaires : les Grecs. Ces derniers :« représentent alors une sorte de commerçants du milieu dont le rôle, au vu de leur expérience dans la maitrise des réalités du terrain, consistait à acheter, à stocker »[102]. Les Grecs s'y prennent

---

[100] M.F. Akono Abina, « Présence et activités des Grecs au Cameroun »,*op cit.*, p.11.

[101]Guernier et Froment (sous la direction de), *Encyclopédie coloniale,op cit.*, p.457.

[102]*Ibid.*, p. 32.

tellement bien qu'ils ont fini par devenir : « un maillon stratégique et incontournable dans le système commercial camerounais »[103].En réalité, ce sont eux qui reçoivent le financement afin d'acheter la marchandise auprès des producteurs indigènes. L'intermédiation des Grecs dans le circuit commercial est bien visible dans ce schéma que propose M. F. Akono Abina :

Graphique 2 : Esquisse de la chaîne de commerce du cacao et du café entre les producteurs, les intermédiaires, les grandes factoreries et les banques.

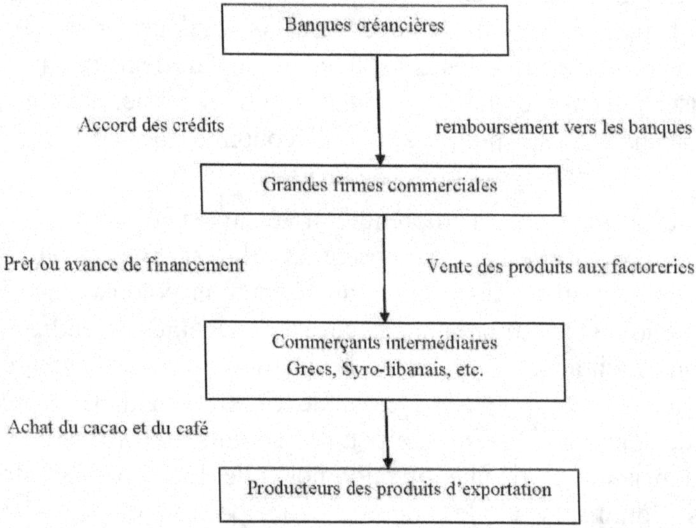

Source : M. F Akono Abina, " Présence et activités des Grecs au Cameroun ", *op cit.*, p.34.

Ce schéma montre clairement l'interdépendance entre banques, les firmes commerciales, les commerçants intermédiaires et les indigènes. Dans ce circuit, les Grecs ne sont pas les seuls, il y a aussi les redoutables Syro-libanais.

[103] *Ibid.*, p. 31.

Arrivés au Cameroun au début du XXe siècle, les Syro-libanais, au même titre que les Grecs, sont d'habiles commerçants. Leur principale caractéristique c'est la relative neutralité du point de vue de la communauté d'accueil[104]. Tout comme les Grecs, les Syro-libanais se distinguent du pouvoir colonial sans toutefois se confondre à lui[105]. En Afrique en général et au Cameroun en particulier, ils entretiennent avec les Africains ce que R. Guise O'Brien, cité par Mariam Sow, appelle des relations : « de proximité et de distance »[106]. Proximité, parce qu'ils s'insèrent facilement dans la communauté qui les accueille. En effet, si l'on pouvait suivre les Grecs souffler quelques mots de la langue *éwondo*[107], les Syro-libanais en faisaient autant. La distance était culturelle. D'une façon générale, les Syro-libanais sont si impliqués dans l'économie que les Français n'hésitent pas à se plaindre de leur avancée[108].

L'on peut donc comprendre, après avoir étudié de façon non exhaustive les composantes du secteur privé et l'environnement des affaires au Cameroun colonial, que la situation était empreinte de sévères inégalités. L'indigène était réduit à rien. Cependant, la situation n'est pas demeurée inchangée. Il y a eu la Deuxième Guerre mondiale. Après cette guerre, l'histoire des peuples soumis aux affres de la colonisation a pris une direction nouvelle. Les rapports entre les dominants et les dominés ne pouvaient plus être strictement les mêmes. Au plan économique, par exemple, F. Etoga Eily conclut son ouvrage en relevant que :« Les rapports économiques s'étaient empreints d'un peu plus

---

104 M. Sow, « Le crédit aux commerçants Sénégalais », *Commerce et commerçants en Afrique de l'Ouest,op cit.*, p.265.

105*Ibid.*

106*Ibid.*

107 M.F. Akono Abina, « Présence et activités des Grecs au Cameroun »,*op cit.*, p.39.

108Guernieret Froment (dir.)*Encyclopédie coloniale,op cit.*, p.460.

d'humanité, créant de meilleures conditions pour une véritable prise de conscience de l'autochtone. L'avenir pouvait, à coup sûr, être envisagé avec plus de sérénité »[109]. Si au plan économique, l'on pouvait imaginer l'avenir avec sérénité, au plan politique, l'avenir ne rassurait pas tout le monde. Pour les Camerounais, la route vers l'indépendance était amorcée. Elle était irréversible. Pour les hommes d'affaires européens et étrangers, l'indépendance était la source de toutes les inquiétudes parce qu'elle annonçait des lendemains incertains. Que fallait-il faire dans ce contexte ? Le prochain paragraphe analyse la réaction des hommes d'affaires à travers la naissance du GICAM.

III- GICAM, naissance d'un groupement (mai-juin 1957)

Interrogé sur l'origine du GICAM, A. Siaka, ancien président du GICAM, donna la réponse suivante :

> Le GICAM a été fondé en 1957. C'était avant l'indépendance du Cameroun qui est intervenue trois ans plus tard. C'était une organisation qui ne regroupait que des entreprises étrangères qui s'interrogeaient à l'époque sur leur devenir après l'indépendance et se demandaient comment se comporterait le nouveau pouvoir quand viendrait le moment de prendre les rênes du pays. Il fallait donc, en un sens, peut-être, s'organiser pour bien se défendre quand l'indépendance arriverait[110].

Telle est la synthèse sur la naissance du groupement. Cependant, il appartient à l'historien d'effectuer une explication de texte afin de dégager les évènements qui se cachent derrière cette brève déclaration. Pour cela, une approche à deux composantes a été choisie : la première

---

[109] F. EtogaEily, *Sur les chemins,op cit.*, p.510.

[110] "Interview avec M. Siaka, Directeur Général des Brasseries du Cameroun, Président du GICAM", http://www.winne.com/cameroon/vp08.html.,p.1, Consulté le 11 Janvier 2011 à 15 heures.

consiste à revenir sur le contexte politique et économique à la veille de l'indépendance du Cameroun. La seconde consiste à faire une sorte de film des évènements sur la naissance du GICAM à Douala.

A. Retour sur le contexte politique et économique du Cameroun à la veille de l'indépendance (1955-1957)

Ici, deux évènements sont pris en compte : la nomination de R. Pré comme haut-commissaire de la France au Cameroun et l'avènement de l'État sous tutelle.

1-La nomination de R. Pré comme haut-commissaire au Cameroun et les agitations dans la communauté blanche

Lorsqu'en décembre 1954, A. Soucadaux cède sa place à Roland Pré au Cameroun, la situation politique est marquée par l'existence de l'UPC (Union des Populations du Cameroun)[111]. Ce parti nationaliste avait acquis une assise sociale importante. Il fallait le briser. Cette mission échut à Roland Pré. Ce n'était pas le fait du hasard. En effet : « Roland Pré traînait derrière lui une fâcheuse réputation de colonialiste autoritaire et brutal »[112]. Cela explique pourquoi il avait réussi à jeter le trouble aussi bien dans le camp des Camerounais que dans celui de la communauté blanche.

Côté camerounais, il n'a pas fallu beaucoup de temps pour se rendre compte qu'un tournant décisif venait d'être amorcé :« [...] les quatre premiers mois de l'administration

---

[111] L'histoire du nationalisme camerounais est l'un des domaines les plus étudiés au département d'histoire de l'Université de Yaoundé I. C'est le constat que nous avons fait lors d'une précédente étude dont nous avons déjà fait mention dans les précédents paragraphes.

[112]D.Abwa, *Commissaires et hauts-commissaires de la France au Cameroun 1916-1960. Ces hommes qui ont politiquement façonné le Cameroun*, Yaoundé, PUY, UCAC, 1999, p.357.

Pré, écrit R. Joseph, portèrent des Camerounais d'origines sociales variées à penser que leur pays abordait une période d'une importance capitale pour son avenir »[113]. Ils n'avaient pas tort de le penser. En réalité, Pré visait simplement un objectif : celui de mettre l'UPC hors d'état de nuire[114]. Le plus important dans cette étude, c'est l'agitation que Pré a créée dans la communauté blanche. En effet, la nomination de Pré a suscité l'opposition des administrateurs français. Ceux-ci « le considéraient comme étranger à leur clan et comme trop fondamentalement opposé à son prédécesseur »[115]. Il faut dire qu'à cette époque, les Camerounais s'étaient considérablement améliorés sur le plan économique et intellectuel. Ils aspiraient de plus en plus à devenir des acteurs de premier plan dans la vie administrative et économique. Les colons et certains responsables français n'appréciaient pas cette progression. Or, Pré était un progressiste. Ce qui ne pouvait susciter que des inquiétudes : « quand il apparut clairement au milieu des affaires que Pré était plus progressiste que son prédécesseur, les craintes de la communauté blanche se multiplièrent quant à l'avenir du territoire »[116]. Le progressisme de Pré leur était insupportable. R. Joseph le montre bien lorsqu'il souligne que

> La communauté blanche ne dissimulait pas qu'elle n'approuvait guère l'attention excessive que Pré portait aux problèmes des Africains et que ses promesses de faire entrer de plus en plus de Camerounais dans les secteurs administratifs du secteur public et

---

[113]R. Joseph, *Le mouvement nationaliste au Cameroun,op cit.*, pp. 259-260.

[114]D. Abwa démontre que pour briser l'UPC, Pré a adopté une stratégie à trois composantes : couper l'UPC de ses bases, la pousser à la faute et enfin l'abattre. Planning qu'il a respecté. L'UPC a été bannie en juillet 1955.

[115]R. Joseph, *Le mouvement nationaliste au Cameroun, op cit.*, p.263.

[116]*Ibid.*

privé de l'économie visaient à éliminer ceux qui avaient fourni ''95 % des investissements'' dans le territoire[117].

À cause de cette situation, beaucoup d'Européens avaient publiquement souhaité que Pré soit renvoyé. Cela n'a pas empêché le haut-commissaire de poursuivre ses réformes. Bien plus, la conjoncture économique internationale était mauvaise. Les projets de construction du plan FIDES étaient suspendus. La conjugaison de tous ces facteurs poussait pratiquement à bout tous ceux des petits entrepreneurs qui avaient fait fortune sous A. Soucadaux[118]. Face à cette grogne dans le milieu des affaires, Pré est resté inflexible. Droit dans ses bottes, il a réorganisé l'économie du territoire. Voici quelques-unes de ses réformes détaillées par R. Joseph :

> Afin de combattre l'inflation, il mit immédiatement en place un programme d'austérité draconien qui comprenait le blocage d'un certain nombre de crédits gouvernementaux, la stabilisation des prix des marchandises exportées, l'arrêt de toute embauche de personnel et la restriction d'une certaine catégorie de prêts [...]. Enfin, Pré fit une critique générale de l'économie camerounaise et notamment de son coût de production élevé [...] la communauté blanche du milieu des affaires y vit une attaque directe contre elle[119].

À cause de Pré, les colons se sentaient en insécurité. Pour eux, il mettait progressivement en place un système économique qui allait sonner le glas de leur existence dans le milieu des affaires au Cameroun. La Confédération des petites et moyennes entreprises du Cameroun, futur membre fondateur du GICAM, réfutait purement et simplement l'analyse du gouverneur. Elle attirait aussi l'attention des uns et des autres sur la crise économique qui minait le secteur privé[120]. Selon les colons, Pré avait fini par conduire le

---

[117] *Ibid.*, pp.263-264.
[118] *Ibid.*, p.265.
[119] *Ibid.*
[120] *Ibid.*

navire camerounais à sa perdition. Ces derniers menaçaient de quitter le territoire.

À côté de ce feu allumé dans la communauté blanche, Pré menait un autre combat contre l'UPC. Sans vouloir entrer dans les détails, il convient de souligner que le Haut-commissaire a réussi à faire bannir le parti nationaliste. Toutes choses qui, selon D. Abwa, ont créé « une nouvelle situation algérienne au Cameroun ». Cependant, « la France, critiquée de toutes parts, ne voulait plus d'un autre foyer de violence en Afrique »[121]. C'est dans cette perspective que la France a entrepris des réformes. C'est au gré de celles-ci que le Cameroun accède, en 1957, au statut d'État autonome. L'avènement de ce statut ne rassurait pas les hommes d'affaires.

2. L'avènement de l'État autonome et les inquiétudes du patronat européen

Pré avait mis les colons dans une situation inconfortable. À cause de lui, les colons s'étaient sentis bousculés. Toujours à cause de lui, le climat de terreur ambiant a occasionné l'avènement de l'État autonome. L'avènement de ce statut reconnu par le décret n° 57-501 du 16 avril 1957[122] conférait au Cameroun une autonomie partielle en même temps qu'il préservait les pouvoirs de contrôle de la France qui continuait d'exercer la tutelle. L'autonomie partielle que ce statut conférait au Cameroun est perceptible dans l'article 5, le titre premier, qui dispose que :« Les compétences relatives à l'État autonome du Cameroun appartiennent à l'Assemblée

---

[121] D. Abwa, *Commissaires et hauts-commissaires,op cit.*, p.373. Nous voulons profiter de l'occasion pour prendre position sur le débat relatif à une indépendance arrachée ou octroyée au Cameroun. Nous souscrivons avec force à l'idée que c'est grâce à la lutte menée par les nationalistes que la France cède. L'indépendance du pays a été obtenue au prix du sang.

[122] *JORF* du 18 avril 1957.

législative du Cameroun et au gouvernement camerounais »[123]. C'était une grande avancée. Pour une fois, le Cameroun était doté d'un gouvernement. Cela ne faisait pas la joie de tout le monde.

Pour les Camerounais, en dehors des sceptiques[124], l'histoire avait pris une direction nouvelle. A. Owona, président du groupe « *Oyili* » (groupe d'étudiants beti en France), avait publié une lettre de félicitations dans *La Presse du Cameroun*. Il saluait la naissance du nouvel État et félicitait tous ceux qui avaient conjugué leurs efforts pour la réalisation de ce fait historique[125]. Cette euphorie manifestée dans la presse poussait les colons à méditer sur leur avenir. En effet, l'époque où les hommes d'affaires européens et étrangers étaient pratiquement tout-puissants était révolue. Il y avait désormais au Cameroun, un gouvernement qui devait gérer les problèmes de l'économie interne. Comment ce gouvernement devait-il se comporter ? Devait-il alourdir la fiscalité ? Telles étaient, à peu près, les inquiétudes du milieu des affaires. C'est pourquoi, lorsqu'André Marie Mbida avait été pressenti par le Haut-commissaire comme futur premier ministre, il reçut une délégation de la chambre de commerce et d'industrie. Durant l'entretien, l'on fit un large tour d'horizon de la situation économique et fiscale du territoire[126]. C'est aussi pendant cette entrevue que

---

[123] *Ibid.* p. 4.

[124] S.Efoua Mbozo'o explique que le statut de l'Etat sous tutelle avait suscité des débats contradictoires au sein du Parlement. Les uns y voyaient une reconnaissance de la souveraineté interne du Cameroun ; les autres pensaient qu'on ne pouvait pas parler de souveraineté alors même que le pays était encore sous régime de tutelle. S. Efoua Mbozo'o, « Historique de l'emblème, de l'hymne », *op cit.*, pp. 161-162.

[125] A. Owona, « Félicitations », *La Presse du Cameroun*, n°2.120 du vendredi 24 mai 1957, p.1.

[126] V de L., ''Une étroite collaboration régnera entre le gouvernement camerounais et la Chambre de Commerce et d'Industrie'', *La Presse du Cameroun*, n°2.129 du 5 juin 1957, p.2.

M. Déportes, vice-président délégué de la Chambre de commerce et d'industrie de Yaoundé :« Attira particulièrement l'attention du premier ministre sur la dégradation de la structure commerciale, qui représente pour le pays de graves dangers. Il demanda qu'un crédit hypothécaire soit mis en place pour permettre aux commerçants sérieux qui ont investi au territoire, de passer la période difficile [...] »[127].Cette doléance de M. Déportes est la preuve palpable que le pouvoir changeait progressivement de main. La bonne santé des intérêts privés dépendait désormais du gouvernement en place. Dans son discours, M. Déportes défend les intérêts des « commerçants sérieux ». Pour cela, il propose la mise en place d'un crédit hypothécaire. Cette doléance devait-elle être entendue ? En réalité, le secteur privé avait besoin de plus d'assurance. La conjoncture économique internationale était marquée par la chute des prix des produits d'exportation[128]. Au plan national, il fallait que le gouvernement prît des décisions allant dans le sens de l'amélioration du climat des affaires. C'est dans cette perspective, qu'une fois de plus, M. Déportes se rendit chez le Premier ministre, afin de lui exposer ses désirs et ses suggestions. Voici les propositions de M. Déportes faites au premier ministre :

—une politique de développement démographique ;

— l'allègement fiscal ;

—la stabilité fiscale ;

—le développement de la production agricole, industrielle et artisanale, ayant pour base un plan quadriennal repensé et adopté au pays, une politique d'industrialisation de longue

[127] *Ibid.*

[128] C. Coquery Vidrovitch, « La mise en dépendance de l'Afrique noire », *op cit.*, p.28.

durée[129]. Face à ces doléances, le Premier ministre a répondu en rassurant ses convives. Il leur a fait savoir, dans un discours fleuve d'une heure trente minutes[130]que

> Notre politique économique portera essentiellement sur l'accroissement des richesses, donc de la production, sur l'amélioration de la commercialisation des produits, celle des transports, du régime douanier, sur le développement et l'amélioration de l'artisanat, l'assainissement de la profession d'acheteur, le développement du crédit hypothécaire, et avant tout, l'industrialisation du territoire[131].

Sur ce plan, le Premier ministre avait satisfait, verbalement, le milieu des affaires. Et pour le rassurer davantage, il clôtura son discours ainsi qu'il suit :

> Messieurs, pour conclure, je vous demande de faire savoir autour de vous dans les milieux autorisés que le gouvernement camerounais est prêt à prendre toutes les mesures et toutes les initiatives nécessaires pour assurer aux entreprises commerciales, industrielles et agricoles de la métropole, et le cas échéant, de l'étranger, la stabilité et la sécurité que nous savons indispensables à leur établissement et à leur fonctionnement[132].

Toutes ces paroles, les hommes d'affaires les accueillaient avec scepticisme. En réalité, la distance entre les discours et la réalité était grande. La preuve c'est qu'en 1957, les recettes fiscales constituaient 81,80 % des recettes budgétaires[133]. La fiscalité était contraignante pour les opérateurs économiques. Un vent de panique agitait le milieu des affaires. Pour tenter de les rassurer, E. Mba, président suppléant de la CHAGRI (Chambre d'agriculture) du Cameroun, publie un article dans *La Presse du Cameroun*

---

[129]V de L., « Le chef du gouvernement camerounais reçoit une délégation de la Chambre du Commerce et d'Industrie venue lui exposer ses désirs et ses suggestions », *La Presse du Cameroun*, n°2.147, 27 juin 1957, p. 1.
[130]*Ibid.*
[131]*Ibid.*
[132]*Ibid.*
[133] L.C. Atemengue, « La politique fiscale »,*op cit.*, p.71.

intitulé : « Il faut rassurer ceux qui ont investi au Cameroun »[134].Dans son article, il invite les opérateurs économiques à faire confiance aux élus et au gouvernement local. Il dénonce la panique en ces termes : « Mais, regardons autour de nous, écoutons les propos de certains privés européens. Combien parlent de tout liquider pour pouvoir aller planter leurs choux ailleurs ? »[135]. Se refusant une telle éventualité, l'auteur analyse les causes de cette situation. Il écrit précisément qu'

> En effet, il est intéressant de constater qu'il n'y a pas, bien au contraire, de méfiance "a priori" à l'égard des modes nouveaux de gestion des affaires publiques. Mais le changement politique intervenant à un moment où sévit le marasme économique et des pertes sensibles sont enregistrées par beaucoup, je crois que cet ensemble de facteurs effraye les investissements privés[136].

Afin de les rassurer, l'auteur reconnait que

> C'est sur les activités privées existant dans un État que reposent, en effet, dans une large mesure, les ressources publiques. Et comme le Cameroun doit se préparer à compter de plus en plus sur lui-même dans les années à venir, le moment n'est pas venu, bien au contraire, de décourager les initiatives privées[137].

À côté de cette tentative, le premier ministre André Marie Mbida est lui-même monté au créneau. Il a promis qu'il n'y aurait pas de fiscalité nouvelle. Il a surtout lancé ce vibrant appel : « vous pouvez investir chez nous sans crainte. Nous ne ferons pas comme Nasser »[138]. Quelques mois plus tôt, en janvier, le 24, un peu comme pour prévenir le changement politique en cours sur le territoire, une mission de visite du CNPF (Conseil national du patronat français) arrive au Cameroun. Même si les raisons de cette visite ne sont pas

---

[134] E. Mba, « Il faut rassurer ceux qui ont investi au Cameroun », *La Presse du Cameroun*, *op cit.*, p. 1.
[135]*Ibid.*
[136]*Ibid.*
[137]*Ibid.*
[138]*Ibid.*

déclarées, M. Burat reconnait que « l'idée de la constitution du nouvel organisme (GICAM) était née du passage au Cameroun de la mission du patronat français [...] »[139]. Comment naît donc le GICAM à Douala ?

B-« Un Groupement pour l'Étude et la Coordination des Intérêts Économiques au Cameroun est né... » [140]

Le GICAM est né à Douala[141]. C'était dans un contexte marqué par le changement politique qui s'était opéré. C'est fort de ce changement et craignant une perte des privilèges que les hommes d'affaires européens créent le GICAM. V. de L. a conservé les minutes de l'assemblée constitutive.

En effet, mardi le 21 mai 1957 à 9 heures, la salle des séances de la Chambre de commerce accueille la toute première réunion du groupement. Elle est présidée par M. Burat, directeur de la Société industrielle des cacaos. L'on dénombre dans la salle une centaine de personnes. Etaient conviés à cette réunion, les représentants de la Chambre de commerce et d'industrie, de la Chambre d'agriculture, de la Chambre d'artisanat, de la CPMEC, du SCIEC et la plupart des syndicats professionnels parmi lesquels : l'Union syndicale du patronat camerounais. Prenant la parole, M. Burat souligna que le GICAM groupait déjà 37 entreprises et de nombreux syndicats professionnels. Parmi les entreprises qui y adhéraient, il y avait : L'ENELCAM, L'ALUCAM, SOCFINOL, la SPROA, la SAFA, la société de Bananes, Bastos, Air liquide, Razel, Barnabé, la CCC et la plupart des grosses maisons du

---

139V de L., « Un Groupement pour l'Etude et la Coordination des Intérêts Economiques au Cameroun est né », *La Presse du Cameroun,* n°2118, du mercredi 22 mai 1957, p.1.

140*Ibid.*

141 Si le GICAM est né à Douala, c'est simplement parce que Douala est le centre économique du Cameroun.

Cameroun : CFAO, SCIEC, SHO, etc. Parmi les syndicats professionnels, il y avait : le SCIEC, le Syndicat des entrepreneurs, le Syndicat des acconiers. V de L rapporte que par la suite, M. Burat a donné lecture des statuts. Après la lecture, un débat public a été organisé autour du taux de cotisation à demander aux adhérents. A la suite de ce débat s'est tenue une assemblée constitutive. Celle-ci a étudié les dispositions statutaires. La conclusion a été que, ces dispositions pourraient être modifiées lors de la toute première assemblée des adhérents. Ainsi s'achève, selon V de L., la toute première séance de prise de contact qui s'était transformée en assemblée constitutive[142].

Cependant, il existe des contradictions entre les événements que rapporte le journaliste économiste et ceux du procès-verbal de l'assemblée constitutive contenus dans le *Livre d'or* du GICAM. Selon ce livre, à la page 9, l'assemblée constitutive se tient le mercredi 12 juin1957à 9 heures. Or, les évènements que rapporte le journaliste ont lieu entre le 20 et le 21 mai 1957[143]. Une autre source, en l'occurrence *l'Annuaire économique des sociétés et organismes publics et privés* publié à Paris en 1962, situe ladite assemblée le 25 mai 1957. De plus, selon le *Livre d'or*, c'est M. Déportes qui préside la réunion tandis que le journaliste affirme que c'est M. Burat qui préside aux travaux de la réunion de prise de contact qui s'est transformée en assemblée constitutive. Cette contradiction jette le flou sur la date exacte qui a vu la naissance du groupement. Néanmoins, tout porte à croire que les faits consignés dans le *Livre d'or* du GICAM pourraient être la

---

[142]V de L., « Un Groupement pour l'Etude »,*op cit.*, p.1.

[143]*La Presse du Cameroun* était un périodique devenu quotidien en 1955.C'était un titre qui défendait les intérêts des colons. L'auteur de l'article n'a donc aucun intérêt à tronquer les faits. Il ne rapporte, à notre avis, que ce qu'il a vu et couvert en tant que journaliste travaillant dans un quotidien.

première assemblée générale. Elle devait s'être tenue quelque temps après la première assemblée constitutive. La preuve c'est que dans ce livre, le procès-verbal cite l'article 5 des statuts qui élit les membres du conseil de direction. *A contrario*, le journaliste rapporte qu'il existait bel et bien des statuts. Ceux-ci devaient « probablement subir quelques modifications lors de la première assemblée générale des adhérents ». Le journaliste n'évoque à aucun moment l'élection des membres du bureau. Soulignons enfin que les événements rapportés par le journaliste sont antérieurs à ceux du *Livre d'or*. Rien ne nous empêche de croire que l'assemblée du 12 juin 1957 constitue la toute première assemblée générale et que celle de mai 1957 constitue la toute première assemblée constitutive.

À présent, comme on peut l'espérer, il est désormais possible de mieux comprendre la synthèse proposée par A. Siaka. En effet, au départ, les colons sont au sommet. Par la suite, le changement politique intervenu sur le territoire oblige les colons à changer d'attitude. C'est dans cette ambiance que naît le GICAM après une mission de visite du CNPF au Cameroun. Loin d'être une hyperbole de circonstance, la naissance des organisations patronales est un vaste plan d'ensemble exécuté par la France en Afrique centrale (AEF). Si non, comment expliquer qu'une organisation similaire soit née au Gabon en 1959, au Tchad en 1959, en Centrafrique en 1959, à la veille des indépendances ? La raison qui permet de l'expliquer est la suivante : le GICAM et les autres organisations sœurs en Afrique centrale sont nés du souci des patrons européens de préserver leurs intérêts vis-à-vis des nouveaux États naissants.

Comme toute autre organisation, le GICAM a grandi et s'est affirmé au plan national et international.

CHAPITRE II :

LE GICAM, D'HIER A 2010

Le visiteur qui, pour la première fois, parcourt les rues du quartier Bonanjo, à Douala, précisément la vallée des ministres, remarquera des immeubles et des maisons ayant des architectures agréables à la vue. Au niveau de cette rue se trouve l'immeuble siège du GICAM. C'est le plus grand immeuble de ladite rue. Les grilles sont frappées d'un "G". Un tour à l'intérieur de l'édifice permet d'apprécier le riche décor. Le visiteur pourrait croire que ce joyau architectural est quelque chose de spontané. Peut-être ne se rendra-t-il pas compte que cet immeuble qui trône majestueusement à Bonanjo est l'aboutissement d'un long processus. C'est le témoin d'une formidable odyssée de cette organisation patronale.

De toutes les façons, nous nous faisons le devoir de proposer, à partir des sources à notre disposition, l'évolution du GICAM. C'est pourquoi l'objectif de ce chapitre est de présenter le GICAM dans son organisation, son fonctionnement, ses objectifs, ses moyens et les mutations qu'il a connues de 1957 à 2010.

I- Le GICAM hier : missions et organisation (1957-1992)

Dès sa naissance, le GICAM s'est donné pour mission de défendre les intérêts de ses membres. Cet objectif prioritaire impliquait pour le Groupement une organisation particulière.

A- Les missions du GICAM dès ses premiers pas

1. Les missions du GICAM dès sa naissance

Rappelons, à toutes fins utiles, que le GICAM est né dans un contexte marqué par le changement politique intervenu en 1957, matérialisé par l'avènement d'un gouvernement au Cameroun. C'est la raison pour laquelle : « il fallait [...] s'organiser pour bien se défendre [...] »[1]. Pour que cette organisation soit une réalité, une mission du CNPF, de passage au Cameroun en janvier 1957, avait posé les bases du GICAM[2]. L'honneur revint donc à M. Burat de présenter l'objet du tout nouveau groupement. Voici un large extrait présentant les missions du GICAM dès sa naissance :

« Le nouveau Groupement est surtout un organisme d'études et de coordination ayant pour objet :

1°) d'établir et de maintenir une liaison permanente entre les responsables des activités privées du territoire, réparties en quatre grands secteurs.

2°) de procéder à des études sur les problèmes généraux du Cameroun et d'inspirer la conduite d'une politique tendant à l'expansion économique du territoire dans l'harmonie des intérêts en cause.

3°) de contribuer à déterminer et de faire connaître une ligne d'action commune, susceptible de faciliter la solution des problèmes.

---

[1]Interview avec A. Siaka, p. 1.

[2]V de L., « Un Groupement pour l'Etude », *op cit.*, p. 1.

4°) de poursuivre la mise en œuvre de cette ligne d'action sur le plan général : le caractère interprofessionnel du Groupement ne fait pas obstacle à l'accomplissement, à la demande expresse des organisations intéressées, des missions d'ordre professionnel[3] ».

Une lecture attentive des objectifs du GICAM permet de comprendre l'essence de cette organisation patronale. En effet, le GICAM est un organisme d'études. Son rôle est d'étudier la conjoncture économique du pays. C'est grâce à ces études que le groupement défend les intérêts de ses adhérents. En étudiant la conjoncture économique du territoire, l'organisation patronale met à la disposition de ses membres et des pouvoirs publics des informations utiles, dans le souci de « maintenir une liaison permanente entre les responsables des activités privées du territoire ». Le résultat, si les pouvoirs publics coopèrent, est qu'il y aura :« des conduites visant l'expansion économique du territoire dans l'harmonie de tous les intérêts en cause ». Cette harmonie n'est possible que si elle permet : « de contribuer à déterminer et de faire connaître une ligne d'action commune, susceptible de faciliter la solution des problèmes »[4]. C'est ce qui fait la différence entre le GICAM et les syndicats. A. Siaka, près de 43 ans après la réunion présidée par M. Burat, a tenu à faire la différence entre le GICAM et les syndicats. Voici ce qu'il affirme :

> En fait, il s'agit [pour le GICAM], de rassembler les préoccupations de tous les milieux économiques, de maintenir un dialogue constructif avec les pouvoirs publics pour promouvoir un espace qui soit favorable au développement des affaires. Nous ne nous positionnons pas, ni dans notre démarche, ni dans notre approche, comme un syndicat ; [...] nous nous positionnons dans

---

[3] *Ibid.*
[4] *Ibid.*

> le rôle de promoteur d'un dialogue où les parties en présence doivent toutes tirer avantages[5].

Cette analyse de l'ancien président du GICAM renforce l'idée que, depuis sa création, le but du GICAM a toujours été de mener des études, de proposer des solutions aux pouvoirs publics, via un dialogue constructif. En jetant un regard sur la fiscalité au Cameroun en 1958, l'on aura une idée précise du rôle de cette organisation patronale.

En fait, les défis de plus en plus importants qui pesaient sur le jeune État autonome l'avaient poussé à élaborer des textes réglementant la fiscalité. L'élaboration de ces textes était motivée par le fait que l'impôt personnel avait été supprimé. Or, l'État avait besoin d'environ 1 milliard de francs[6]. Où fallait-il trouver ces fonds ? Évidemment, c'est l'impôt qui était le seul recours. Rapidement, « les six projets de lois transmis par le gouvernement en vue de trouver des ressources correspondant à la suppression de l'impôt personnel, ont fait l'objet d'études des différents Groupements professionnels »[7] . Grâce aux études de ceux-ci, la sonnette d'alarme avait été tirée. M. Alexandrie, vice-président étranger à la Chambre de commerce et d'industrie, fit l'observation suivante : « [...] Il résulte des études faites par le SCIEC, le GICAM et le SYNDUSTRICAM que ce nouvel impôt « en cascade » sera beaucoup trop lourd à supporter par l'économie camerounaise et entrainera des difficultés [...] »[8]. Par impôt « en cascade », il faut comprendre : « les perceptions [...] à tous les stades de la commercialisation [...] »[9]. Cette observation de

---

[5]Interview avec A. Siaka, p. 1.

[6] V de L., « Séance de travail dans la chambre de commerce et d'industrie », *LaPresse du Cameroun*, n°2.575, du 27 novembre 1958, p. 2.

[7]*Ibid.*

[8]*Ibid.*

[9]*Ibid.*

M. Alexandrie apporte la preuve que le GICAM, un an après sa naissance, s'était résolument mis au travail. Ce qu'il y a surtout lieu de retenir, c'est que le GICAM a fondamentalement pour rôle d'étudier l'économie du territoire, d'en tirer les leçons et de publier les résultats au grand bénéfice de ses adhérents et de l'État. Il y a donc une sorte de ligne éditoriale profondément conservée entre ce que le GICAM était dans les années 57-58 et l'explication qu'a proposée A. Siaka 43 ans après. Telles sont les missions fondamentales du GICAM.

2-Les partenaires du GICAM à cette époque

À l'époque où naquit le GICAM, l'organisation la plus puissante était la Chambre de commerce et d'industrie[10]. Cette chambre était si puissante que les organisations professionnelles avaient très peu de visibilité. Le président de ladite chambre avait son mot à dire sur toutes les activités économiques du territoire[11]. C'est lui qui dialoguait avec le gouvernement. Dans ce contexte, pour exister, il fallait des partenaires ayant la même vision sur le devenir des entreprises. De plus, le GICAM pouvait réaliser des études au bénéfice des autres organisations professionnelles qui sollicitaient son expertise. On peut donc comprendre pourquoi le GICAM a fait route avec le SCIEC et le SYNDUSTRICAM dès les premières heures. Le contexte qui voit naître ces deux organisations nous en dira davantage.

Interrogé sur l'origine du SCIEC, M. E. Ugolini, président dudit syndicat, donna la réponse suivante : « le Syndicat des Commerçants, Importateurs et Exportateurs du Cameroun est une association qui date des années 50. Elle a pour mission

---

[10]C. Atemengue, « La politique fiscale », *op cit.*, p. 25.

[11] L'histoire sait que la Chambre de commerce et d'industrie a joué un très mauvais rôle pendant le mouvement de grève de septembre 1945. Elle est l'un des responsables de la tuerie macabre survenue à l'occasion de ladite grève.

première de promouvoir le développement des activités commerciales »[12]. De par cet objectif, le SCIEC devait faire route avec le GICAM.

Le SYNDUSTRICAM, lui aussi, est une organisation professionnelle des plus importantes créée dans les années 50. S. Kondo, président de cette organisation, décrit avec précision le contexte qui a vu naître le syndicat dont il a présidé aux destinées :

> Le SYNDUSTRICAM est l'une des plus anciennes organisations patronales du Cameroun. Il a été créé en 1950 avec un effectif de sept membres. [...] jusqu'à cette époque le patronat camerounais, toutes branches professionnelles confondues, était jusqu'alors exclusivement représenté par la Chambre de Commerce et d'Industrie du Cameroun (CCIM) dont une partie des prérogatives s'assimilait fort bien aux pouvoirs d'une sorte d'assemblée législative en matière économique. La plupart des opérateurs économiques évoluant dans le secteur commercial[13].

Cette présentation du contexte dans lequel le SYNDUSTRICAM a évolué prouve qu'à une certaine époque, la CCIM était toute-puissante. Mais, avec le temps, le GICAM s'est révélé être une organisation digne de confiance grâce aux études pertinentes qu'elle faisait sur le plan économique. Ces études se sont avérées bénéfiques pour les opérateurs économiques. C'est là qu'il faut comprendre l'origine du partenariat entre le GICAM et le SYNDUSTRICAM. S. Kondo le démontre lorsqu'il affirme que

> Le GICAM en tant que cercle restreint de réflexion sur les préoccupations particulières d'une certaine catégorie d'opérateurs, s'est révélé, au fil du temps, comme un laboratoire de meilleures sources d'informations pour le développement du pays, voire un rempart face à une Chambre d'Industrie et de Commerce qui ne

[12] GICAM, *Livre d'or*, *op cit.*, p.87.

[13] Entretien avec S. Kondo, président du SYNDUSTRICAM, GICAM, *Livre d'or*, *op cit.*, p.83.

réussissait pas à affirmer efficacement son emprise sur le nouvel environnement[14].

Cette lecture de S. Kondo démontre que le GICAM a cheminé aux côtés des autres associations tel le SYNDUSTRICAM. Mais le GICAM s'est surtout imposé par la qualité de ses services. Aujourd'hui, l'organisation patronale a pratiquement damé le pion à la CCIM. Le SYNDUSTRICAM, l'un de ses partenaires à l'époque, est devenu un membre à part entière du groupement. L'on ne saurait comprendre ce revirement historique majeur sans au préalable étudier l'organisation et la composition du groupement avant 1992.

B- L'organisation du GICAM

1- L'organigramme d'avant 1992

Le GICAM naît à Douala, le pôle économique par excellence du Cameroun. Cependant, les membres du GICAM sont des chefs d'entreprise répartis chacun dans son secteur d'activité. C'est la raison pour laquelle le Groupement a choisi de s'organiser par secteur. Aussi était-il plus facile d'étudier les problèmes par secteur, afin de proposer des solutions objectives.

Voici schématisé, conformément au procès-verbal de l'assemblée du 12 juin 1957, l'organigramme du groupement avant le revirement historique de 1992[15].

[14] *Ibid.*, p.9.

[15] GICAM, *Livre d'or*, *op cit.*, p. 83. Cet organigramme ne tient pas compte du changement survenu en 1969. Cet évènement, au regard de son importance, est analysé dans les prochains paragraphes.

Graphique 3 : Organigramme du GICAM suivant l'assemblée générale du 12 juin 1957.

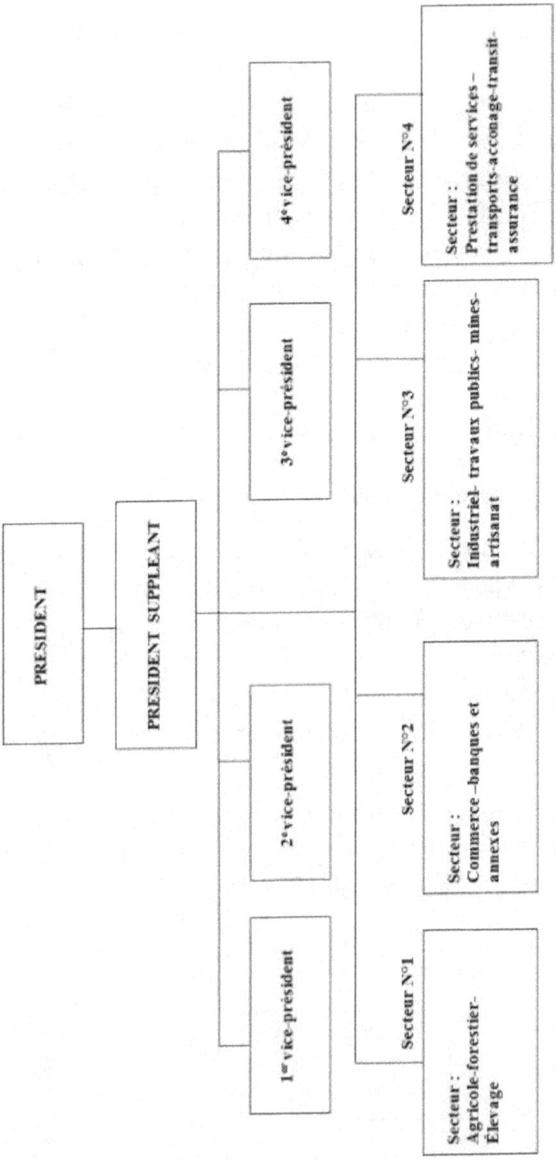

Source : *GICAM, Livre d'or, p.83.*

Une observation rapide de cet organigramme permet de distinguer deux grandes parties dans la structure du GICAM à l'époque[17] : le conseil de direction et les membres du bureau. Le conseil de direction, comme on peut le voir tout au fond de l'organigramme, est composé des membres élus chacun dans son secteur. Dans *le Livre d'or* du GICAM, on peut précisément lire que « pris en conformité de l'article 5 desdits statuts, les membres de chacun des quatre (04) secteurs prévus à l'article 4 se sont réunis séparément et ont procédé à l'élection de chacun des cinq (05) membres du conseil de direction »[18].

Cependant, une réforme importante s'est produite en 1969. En effet, comme on peut le voir dans l'organigramme, il n'existe pas un secrétariat général. De plus, le bureau exécutif du GICAM est implanté à Douala. Or, l'accession du Cameroun à l'indépendance en 1960 a fait de Yaoundé le siège des institutions. La distance entre Douala et Yaoundé devenait à la fois matérielle et institutionnelle. Matérielle parce que près de 300 km séparent les deux villes. Institutionnelle parce qu'il fallait être à Yaoundé pour dialoguer avec les pouvoirs publics. Dans ce contexte, le GICAM a pris la mesure du problème. Voici la stratégie adaptée par l'organisation que décrit A. Siaka :

> [...] Dans le souci de se rapprocher de l'administration et de mieux défendre les intérêts de nos adhérents, le GICAM a tôt compris que les initiatives à partir du siège à Douala, sans en minimiser la portée, devraient se doubler d'une gestion permanente de proximité des relations avec les pouvoirs publics et les organisations internationales. C'est dans ce contexte que le

---

[17] A la vérité, une légère modification a été faite lors de la conception de cet organigramme. En effet, le *Livre d'or* présente en premier les membres du conseil de direction, chacun dans son secteur d'activité et les membres du bureau clôturent. La modification apportée dans cet organigramme est qu'il présente en premier les membres du bureau et ensuite le conseil de direction.

[18] GICAM, *Livre d'or*, *op cit.*, p. 9.

transfert à Yaoundé du secrétariat général fut décidé en 1969, une manière de traduire dans les faits notre volonté d'ouverture[19].

Voici un tableau qui présente le bureau exécutif du GICAM entre 1962 et 1969 :

Tableau 5 : Bureau exécutif du GICAM entre 1962 et 1969.

N°	**Noms et prénoms**	**Fonction occupée**
1	MM. J. Déportes	Président
2	J.M. Boiledieu	Président délégué
3	J. Rohmer	1er Vice-Président
4	H. du Granrut	2e Vice-Président
5	M. Roncet	3e Vice-Président
6	Rapasse	4e Vice-Président
7	M.J. Léauté	Secrétaire général
8	M.C. Bonnefoy	Le Délégué du GICAM à Yaoundé

Source : *Annuaire économique des sociétés et organismes publics et privés,* Paris, la documentation française, 1962, p. 45.

Voici également une photo qui montre la représentation du GICAM à Yaoundé :

[19] *Ibid.*

Source : Cliché de B. D. Oyono Minlo, le 11 juillet 2016 à Yaoundé.

L'ascension que connaît le Groupement plus tard s'explique aussi par la qualité des membres qui y avaient adhéré dès le départ.

2-A l'origine, le GICAM est une organisation de poids lourds

L'une des critiques généralement formulées à l'encontre du GICAM aujourd'hui, c'est le fait que l'organisation patronale marginaliserait les maillons faibles du secteur privé[20]. Cette critique trahit dans une large mesure les bases sur lesquelles le GICAM est fondé en 1957. V de L, journaliste de *La Presse du Cameroun*, écrit qu'à sa naissance, le GICAM groupait déjà 37 entreprises et syndicats, soit trente entreprises de plus que le SYNDUSTRICAM né sept ans plus tôt. Le plus important, c'est la qualité des membres. Voici présentée, une fois de plus, la liste de quelques membres du GICAM présents lors

[20] Une certaine critique affirme que le GICAM ne se préoccupe que des grandes entreprises, des multinationales.

de sa création en 1957 : « L'ENELCAM, l'ALUCAM, SOCFINOL, La SPROA, la SAFA, la Société des bananes, BASTOS, AIR liquide, RAZEL, la CCC et la plupart des « grosses maisons » du Cameroun ; FAO, R.W.King, SCOA, SHO, etc. »[21]. Il est facile de démontrer, en jetant un coup d'œil sur cette liste, que le GICAM regroupe l'élite, l'ensemble des « grosses maisons »[22] .Dans ce GICAM de la fin des années 50, les petits poucets n'avaient pas de place.

L'autre évidence à souligner est qu'à l'époque, le GICAM ne groupe que les firmes étrangères. Chose tout à fait normale au regard de la domination du milieu des affaires nationales par les étrangers. Les pères fondateurs européens ne pouvaient que concrétiser leur volonté de regrouper les entreprises, dans le but de défendre leurs intérêts.

Ainsi donc, à l'origine, le GICAM s'est donné pour mission la défendre des intérêts de ses membres. Pour y parvenir, le Groupement évoluait avec des partenaires stratégiques qui ont fini par se rallier à lui. De plus, le GICAM, dans sa volonté d'ouverture et de dialogue avec Yaoundé, s'est davantage rapproché en ouvrant le secrétariat général sur place. Le Groupement posait ainsi les bases de son rayonnement futur. Ce rayonnement se préparait aussi à travers la qualité des membres qui avaient adhéré dès le départ. Mais pour se consolider au plan national et s'affirmer au plan international, le GICAM a dû connaître de profondes mutations.

---

[21] V de L., « Un groupement pour l'Etude », *op cit.*, p. 1.

[22]La SCOA, par exemple, fait partie des principales firmes françaises d'Afrique noire ayant connu une croissance prodigieuse. Cette firme représentait, à côté de la CFAO, 84% de la capitalisation boursière dans l'import-export en AOF en 1940. Elle était comptée parmi les grandes puissances économiques de la France d'outre-mer. C. Coquery Vidrovitch, « La mise en dépendance de l'Afrique noire », *op cit.*, pp. 41-46.

II- Le GICAM d'après 1992 : entre consolidation au plan national et affirmation au plan international

Il faut dire que de sa naissance jusqu'à la fin des années 80, le GICAM occupait une place de choix. Cependant, quelques failles entravaient sa pleine émergence entant qu'organisation véritablement patronale. C. Maître Henry, président du GICAM de 1988 à 1993, rappelle : « qu'au départ, le GICAM : « Groupement Interprofessionnel pour l'Étude et la Coordination des Intérêts Economiques au Cameroun », créé en 1957, est une simple association hétéroclite de syndicats et de professionnels divers »[24]. Ceci renforce l'idée qu'à l'époque, l'image du GICAM est brouillée dans le paysage des organisations patronales au Cameroun. Cette faille était si importante que même les membres ne pouvaient pas définir son sigle. R. Laheuguère, secrétaire général de 1987-1994, le souligne fort bien :

> Lorsque j'ai été accueilli en octobre 1987 par mon prédécesseur Jacques Faure, le sigle GICAM était bien connu en tant que tel. Il avait généralement comme signification courante "le patronat" ou le "syndicat des patrons''. Toutefois, l'appellation développée :" Groupement Interprofessionnel pour l'Etude et la Coordination des Intérêts Economiques au Cameroun" était peu connue même de nombreux adhérents[25].

En plus de cet écueil, il y a le fait que le GICAM n'avait pas d'immeuble siège. Les bureaux du groupement étaient logés dans les appartements d'un immeuble situé à Douala. Bien plus encore, le GICAM avait un besoin urgent en matériel informatique pour mener à bien ses activités. Ce déficit a connu un début de solution. J. Faure, secrétaire général de 1983 à 1987, le souligne ainsi qu'il suit :

> [...] Le GICAM a dû se moderniser. Nous avons donc modestement commencé en 1983 à nous informatiser. Un premier

---

[24] GICAM, *Livre d'or*, *op cit.*, p. 21.
[25]*Ibid.*, p. 37.

> Apple Macintosh très simple fut acquis très vite. Avec 600k de mémoire centrale et sans disque dur, il nous permettait néanmoins (avec beaucoup de disquettes souples de 5 pouces) de traiter le bulletin annuel de conjoncture et les autres publications que j'avais lancées [...] enfin, le logo du GICAM avait été modernisé[26].

Graphique 4 : Le logo du GICAM.

Source : http : //www.legicam.org,
consulté le 14 mai 2010 à 11 heures.

Ce témoignage est la preuve que le GICAM évoluait, mais ne s'était pas encore suffisamment consolidé au Cameroun. Pourtant, le Groupement travaillait avec l'État.

Au tout début des années 90, le GICAM a soufflé le chaud et le froid. C'est à partir de ce moment que le Groupement s'est engagé sur la voie de son affirmation au plan international et de son rayonnement au plan national. Afin de le comprendre, il est indispensable de se pencher sur les grandes mutations intervenues depuis 1992 et sur le rôle d'André Siaka dans le rayonnement national et international du GICAM.

A- La consolidation au plan national

La consolidation du GICAM au plan national peut se comprendre à travers deux faits majeurs : les mutations survenues en 1992 d'une part et l'arrivée d'A. Siaka à la tête de l'organisation patronale en 1993, d'autre part.

---

[26] *Ibid.*, p. 35.

1. Les grandes mutations depuis 1992

1992 est une année importante dans l'histoire du GICAM. Cette année-là, le Groupement patronal a pris un nouveau départ. Qu'est-ce qui peut expliquer ce revirement qualifié d'historique ?

a- Les raisons du revirement historique de 1992

Trois raisons pourraient apporter une explication au revirement que connaît le GICAM en 1992 : la nationalisation du secteur privé après l'indépendance, la crise économique qui se déclenche au tout début des années 80et le contexte politique de l'époque.

La nationalisation du secteur privé en cours un peu partout en Afrique en général et au Cameroun en particulier après l'indépendance explique le revirement de 1992. Le secteur privé au Cameroun colonial est largement dominé par les étrangers[27]. Les nationaux, longtemps marginalisés, font leur entrée dans la deuxième moitié des années50[28]. Deux décennies après l'indépendance, les nationaux commencent véritablement à intégrer le secteur privé. Les organisations patronales voient des Camerounais arriver à leur tête. M. Courcelle écrit qu'

> A partir des années 80, les rapports entre le pouvoir et le secteur privé ont changé radicalement. La camerounisation croissante des entreprises a conduit le pouvoir à rechercher un moyen de contrôler les syndicats patronaux. Pour la première fois, le SYNDUSTRICAM a un président camerounais et un bureau à majorité camerounaise[9].

---

[27] Dans les précédents développements, nous avons distingué trois composantes dans le secteur privé : les colons (français, allemand), les étrangers (Grec, Libano-syrien, Haoussa, etc.) et les indigènes. Si nous parlons d'étrangers, cela regroupe les deux premières composantes.

[28] Au Cameroun, le peuple bamiléké s'est révélé être un des peuples les plus dynamiques au plan économique. Les Bamiléké ont fait perdre le sommeil à nombre d'investisseurs privés étrangers.

C'est vrai que le gouvernement n'a pas accéléré la camerounisation du GICAM pour des raisons que nous évoquerons dans le chapitre suivant. Mais, c'est une réalité qui se dessinait inévitablement. M. Courcelle l'affirme d'ailleurs : « si le président actuel (nous sommes là en 1990) du GICAM est Français, il est peu probable que son successeur soit à nouveau Français »[30]. On peut donc conclure que la camerounisation du secteur privé a préparé l'élection d'A. Siaka en 1993 et le changement de dénomination en 1992[31].

L'autre élément à prendre en considération, c'est la crise économique qui frappe le Cameroun dans les années 80[32]. En effet, dans la première moitié des années 80, le Cameroun entre dans une profonde récession économique. Cette crise est perceptible à travers la réduction du budget de l'État :« Le budget de l'État camerounais pour l'exercice 1987/88 est réduit à 650 milliards de francs CFA (contre 800 milliards de francs CFA pour l'exercice précédent) et s'accompagne de mesures rigoureuses de restriction des dépenses publiques »[33].Cette restriction s'est étendue au budget d'investissement qui passe de 460 milliards en 1986 à 250 milliards en 1987[34]. Le secteur privé vit amèrement cette réduction budgétaire. Les membres du GICAM n'y échappent guère. L'organisation patronale subit de plein fouet le départ de la plupart de ses membres. M. Courcelle écrit si bien que

> Cet organisme n'a plus le même poids que par le passé, ses adhérents étant moins nombreux et moins actifs. C'est que les

---

[30] *Ibid.*

[31] Comme nous le soulignons dans les pages qui suivent, en 1992, le GICAM devient « Groupement Inter-Patronal du Cameroun ».

[32] Nous accordons une place importante à cette crise dans le chapitre suivant. Nous faisons juste quelques allusions rapides dans ce paragraphe.

[33] *Marchés tropicaux*, n°2172, du 26 juin 1972, p. 44.

[34] *Ibid.*

difficultés des entreprises sont telles que le nombre des expatriés a diminué et que ceux qui restent ne peuvent consacrer le temps nécessaire aux activités syndicales[35].

Le GICAM, durant ces années-là est on ne peut plus affaibli. Certains de ses membres influents ont plié bagage. Dans ce contexte, une réforme profonde était la bienvenue. Le plus grave est que la situation politique au début des années 90 inquiète les hommes d'affaires à cause des villes mortes : c'est la troisième raison du revirement de 1992.

En effet, la « mort » du parti unique a été douloureuse. L'avènement du multipartisme au Cameroun s'est fait dans un climat de tension entre une opposition qui réclame une conférence nationale souveraine et le pouvoir en place qui résiste à cette idée. C'est à Douala, le poumon économique du Cameroun que les villes mortes ont les effets les plus néfastes. Les pertes, suivant les données du SYNDUSTRICAM, se chiffrent à plusieurs milliards de francs CFA. Cette réalité a été certainement vécue par les autres organisations professionnelles.

Toutes ces raisons (03) ont influencé le destin du GICAM. La preuve, c'est le témoignage qu'apportent deux anciens présidents de l'organisation patronale à savoir C. Maître Henry et A. Siaka. Voici le témoignage du premier :

> À partir de 1983, l'apparition brutale de la crise économique, [...] la volonté annoncée de libéralisation rapide de toutes les branches de l'économie, ont rapidement conduit à une modification et parfois à une destruction des relations traditionnelles entre l'Etat et ses administrés. [...] l'Etat camerounais se retrouvait sans les ressources normales lui permettant de faire face à ce changement brusque de la structure sociale et économique du pays. [...] Il est évident que dans cet ensemble de bouleversements, les opérateurs économiques que nous étions censés représenter devaient pouvoir être entendus. A cet égard, le statut d'origine de notre structure devenait un obstacle à la qualité de notre représentation. C'est pourquoi nous avons essayé de faire en sorte que notre

[35] M. Courcelle, *Le secteur privé*, *op cit.*, p. 51.

> Groupement devienne une structure représentative de l'économie camerounaise non seulement à l'échelon national, mais aussi international [...]. Tous ces évolutions et évènements concomitants nous ont conduits à penser qu'il fallait absolument que notre Groupement puisse disposer d'un statut, autant sur le plan local qu'international, lui permettant d'être à égalité avec les structures avec lesquelles elle devait pouvoir présenter son point de vue. D'où la mise en place d'un travail profond [...] dont je crois qu'un des points forts a été le changement d'appellation lors des révisions des statuts présentées le 10 novembre 1992[36].

Voici, par la suite, le témoignage d'A. Siaka :

> [...] Nous avons également été présents dans le processus de camerounisation des fonctions d'encadrement dans les entreprises. Processus qui, on s'en doute, a marqué un tournant dans les relations avec les syndicats des travailleurs, et permis de traduire dans les faits la confiance que les patrons faisaient désormais aux compétences nationales pour exercer des fonctions de haut niveau, au mieux des intérêts des entreprises et dans le respect de la liberté de gestion du chef d'entreprise. Cette nouvelle approche stratégique a fondé les changements intervenus en 1992 tant au niveau de la dénomination du Groupement que de ses missions[37].

Ces deux témoignages combinés laissent apparaître les raisons déjà évoquées plus haut à savoir : la camerounisation du secteur privé, l'apparition de la crise économique et le contexte politique de l'époque.

Ce revirement a été fait tant sur la forme que sur le fond. Sur la forme, le Groupement, en 1992, cesse d'être « une simple association hétéroclite de syndicats et de professionnels divers » pour devenir une organisation véritablement patronale : le "Groupement Inter-Patronal du Cameroun". Sur le fond, il ya eu : « un travail profond de remise en cause des statuts, des buts de l'organisation et de l'image du Groupement »[38]. Ce travail important mérite qu'on y accorde un peu d'attention.

---

[36] GICAM, *Livre d'or*, *op cit.*, pp. 21-22.
[37] *Ibid.*, p.43.
[38] GICAM, *Livre d'or*, *op cit.*, p.37.

b- Les nouvelles dispositions statutaires et fonctionnelles

En 1992, une nouvelle ère s'ouvre pour le GICAM. Le Groupement a pour défi majeur de s'intégrer dans le contexte économique international et de s'affirmer au plan national. C'est dans ce cadre que les statuts ont été revus. Une appréciation objective de cette mutation passe par la comparaison entre le statut adopté à l'origine et celui en vigueur depuis 1997[39]. Voyons en premier les similitudes (ce qu'il y a lieu de considérer comme l'essence du GICAM).

D'abord, l'article 2 fixant l'objet du Groupement suivant les statuts de 1997 a conservé intégralement les dispositions du statut de 1957. Les quatre premiers points sont identiques[40].

Ensuite, l'article 4 qui répartit les secteurs d'activités conserve lui aussi la même répartition qu'en 1957. De plus, l'article 10 relatif aux ressources conserve le même procédé qu'à l'origine. En 1957, V de L. mentionne qu'« après la lecture des statuts, un débat public fut organisé autour du taux de cotisation demandé aux adhérents »[41]. Cette disposition est restée. Voici ce que dit précisément cet article :« Les ressources du Groupement sont constituées par les cotisations versées annuellement par les membres, ainsi que toutes autres ressources autorisées par les textes législatifs et réglementaires en vigueur »[42]. Comme on peut le voir, les quelques similitudes relevées en sont restées les

---

[39] Il serait fastidieux d'étudier singulièrement chaque statut ; rappelons que dans le *Livre d'or* publié en 1997, le statut adopté résulte d'au moins 09 modifications datant de 1974 jusqu'en 1997. Disons aussi que les statuts du groupement sont en constante mutation.

[40] Voir en annexe la lecture des statuts par M. Durat et comparer avec les 4 premiers points cités dans le *Livre d'or*.

[41] V de L « Un groupement pour l'Etude », *opcit.*, p. 1.

[42] GICAM, *Livre d'or*, *op cit.*, p. 186.

fondements fonctionnels de l'organisation patronale. Les mutations de novembre 1992 n'ont pas modifié ces aspects[43].

A présent, examinons les divergences pour apprécier les changements majeurs. Le premier fait à souligner est le changement de dénomination :

> Il est formé, conformément à la législation en vigueur entre les entreprises et les syndicats professionnels adhérant aux présents statuts et ceux qui adhéreront ultérieurement, un Groupement Inter-Patronal de durée indéterminée, qui portera le titre de : "Groupement Inter-Patronal du Cameroun"[44].

Bien plus, une innovation est apportée dans l'article 2 : c'est l'introduction dans les statuts d'une disposition relative aux différends entre les membres. En effet, il y est écrit que le Groupement a pour objet :« De régler les différends commerciaux entre les membres du Groupement ou entre les membres et des tiers. Pour ce faire, le Groupement se dotera de techniques et moyens appropriés communément utilisés dans l'arbitrage commercial »[45].Voilà une disposition qui n'existait pas à l'origine, mais qui existe désormais pour faire face au contexte actuel. Bien plus encore, le revirement de 1992 a permis l'instauration des comités d'études qui n'existaient pas avant cette date. A. Siaka dit ce qui suit à ce sujet :

> [...] Dès lors s'est imposée la nécessité de se doter de moyens permettant de mieux répondre aux interpellations courantes et de porter notre analyse sur des préoccupations majeures des entreprises : mondialisation des échanges et de la finance, fiscalité [...] intégration sous régionale. Il en est ainsi de la création des comités d'études en 1993 puis deux postes de chargés d'Etudes dans la structure permanente du Groupement[46].

---

[43] Il en est de même des articles relatifs au bureau, à la présidence, à l'assemblée générale, etc.

[44] GICAM, *Livre d'or*, *op cit.*, p. 184.

[45] *Ibid.*, p.56.

[46] *Ibid.*, p.44.

Suivant cette analyse, il est aisé de comprendre que les comités d'études tiennent un rôle capital. En effet, le GICAM doit pouvoir fournir des informations de qualité à ses adhérents et à l'Etat. Chaque opérateur économique sait combien de fois l'information est vitale. C'est pourquoi les comités d'études jouent le rôle de cellules spécialisées pour étudier les cas particuliers. Ainsi, chaque aspect de l'économie est passé au peigne fin pour être à même de se féliciter des avancées, de prévoir les périodes difficiles et surtout de proposer des solutions.

Ces quelques innovations suffisent à montrer que le GICAM a pris une toute nouvelle direction. Une étude des contrastes entre les organigrammes de 1957 et de 1993 permet de mieux l'apprécier. En dehors du poste de président qui est resté inchangé, il y a lieu de relever que l'organigramme de 1957 a prévu le poste de président suppléant qui n'existe pas dans celui de 1993[47]. De plus, l'organigramme de 1957 compte quatre vice-présidents alors que celui de 1993 en compte six. Les quatre derniers vice-présidents sont ceux qui dirigent les comités d'études. Bien plus encore, l'organigramme de 1993 intègre les réformes effectuées en 1961 et en 1969 à savoir : la délégation et le secrétariat général. Afin de voir ces différentes modifications, voici l'organigramme de 1993 contenu dans *le Livre d'or* du GICAM[48].

---

[47] *Ibid.*, p. 71.

[48] Lire en annexe les statuts du GICAM extraits du *Livre d'or*, pp. 188-189.

Graphique 5 :L'organigramme du GICAM conformément au *Livre d'or* du GICAM publié en 1997.

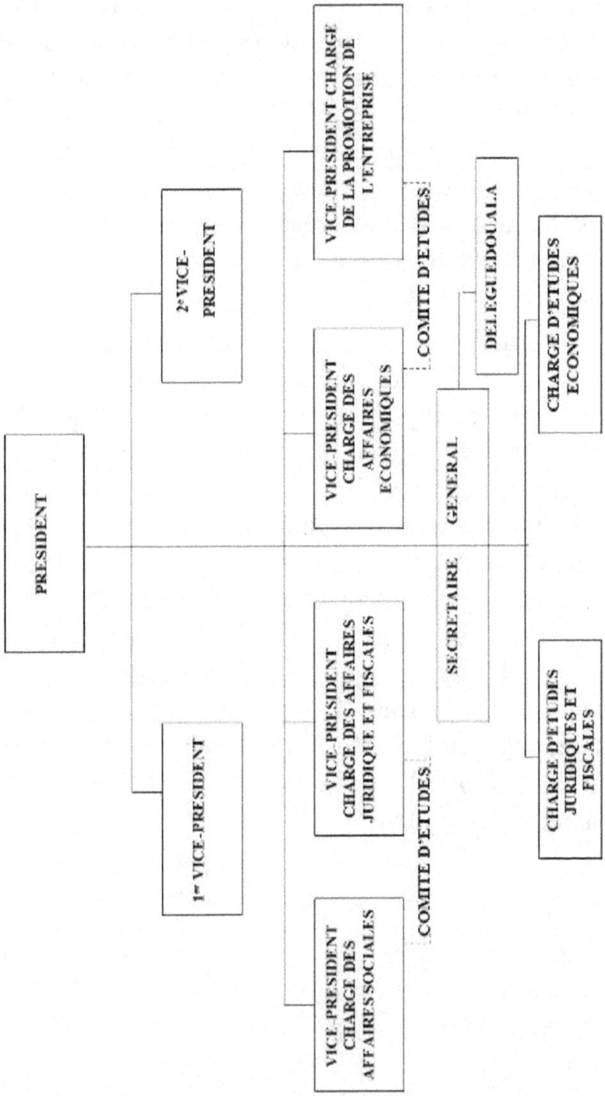

Une simple observation de cet organigramme permet de se rendre compte du changement opéré. Le *Livre d'or* du GICAM est on ne peut plus explicite sur le rôle de chacun. Retenons sommairement que le vice-président en charge des affaires sociales s'occupe de toutes les questions à même d'avoir des répercussions sur les relations sociales dans les entreprises[49]. Celui en charge des affaires juridiques et fiscales participe au développement d'un environnement juridique et fiscal favorable pour les affaires[50]. Celui en charge des affaires économiques s'occupe de tous les problèmes d'ordre économique de nature à influencer les activités des entreprises. Enfin, celui chargé de la promotion de l'entreprise développe des politiques qui concourent à l'épanouissement et à la promotion de l'entreprise[51]. En ce qui concerne le secrétariat général, c'est l'organe permanent du groupement. Sa principale mission est la mise en œuvre des politiques arrêtées par le bureau. Celui-ci est dirigé par un secrétaire général assisté d'un délégué basé à Douala[52].

Il y a tout de même lieu de souligner qu'en fin 2010, le GICAM, sous l'impulsion d'O. Behlé, ancien président, a voulu modifier les statuts pour être plus efficace. A l'origine de ce projet, il se trouve que

> Les soubresauts qui ont ponctué le renouvellement du bureau du Groupement il y a environ deux ans ont mis en lumière quelques faiblesses dans la gouvernance de l'organisation. Plusieurs dispositions des textes fondateurs du GICAM se sont en effet avérées inadaptées au contexte et aux mutations de l'environnement global. D'où le besoin d'actualisation, besoin d'autant plus urgent que les défis sont non seulement plus nombreux, mais aussi et surtout plus complexes et pesants[53].

---

[49] GICAM, *Livre d'or*, *op cit.*, p. 67.
[50] *Ibid.*
[51] *Ibid.*
[52] *Ibid.*
[53] O. Behlé, « Réforme des statuts du règlement intérieur du GICAM », http : //www. legicam.org, consulté le 14 Janvier 2011 à 10 heures.

Cette réforme prévoyait la réduction des membres du bureau de 24 à 12 membres. Ces 12 membres devaient constituer le bureau exécutif[54]. La réforme prévoyait aussi : « l'augmentation du nombre de commissions, la création d'un conseil de stratégie, une plus grande prise en compte des PME »[55].

Cette brève présentation des statuts et du fonctionnement du GICAM depuis 1957 permet de conclure que l'organisation patronale est restée dans une certaine dynamique. Dans cette évolution, le GICAM s'est donné les moyens lui permettant de mieux grandir et d'être plus efficace quant à ses objectifs.

B -Des moyens adaptés aux objectifs du groupement

Le GICAM est doté de moyens adaptés à ses objectifs. Entre autres moyens, seuls deux retiennent notre attention : le Bulletin d'information et le site Web. Ces deux instruments constituent des éléments stratégiques qui permettent de résoudre les problèmes liés au déficit de l'information dans le milieu des affaires au Cameroun. Ce n'est d'ailleurs un secret pour personne que la plupart des hommes d'affaires camerounais ne se préoccupent que très peu de l'information[56]. Le plus grave, tel que le souligne A. Siaka,

---

[54]*Ibid.*

[55]*Ibid.* Il convient à la vérité de dire que lorsqu'O. Behlé annonce officiellement cette réforme, le GICAM navigue en eau trouble. En effet, il se disait tout haut que le président du groupement et son secrétaire exécutif, M. Abéga, sont impulsifs. Les licenciements se faisaient à tour de bras. Des voix se sont élevées pour réclamer le retour d'A. Siaka à la tête du groupement.

[56] Une étude sur le climat des investissements et des affaires au Cameroun effectuée en 2007 conclut que : « l'information, bien que cruciale, pour faire évoluer l'entreprise, ne semble pas globalement être le souci prioritaire des entreprises puisque les bulletins économiques disponibles au Cameroun ne sont quasiment pas consultés ou alors seulement par les

est que « Des statistiques économiques et sociales fiables restent une denrée rare au Cameroun »[57]. L'organisation patronale a le souci de combler ce vide. C'est pourquoi, dans la longue durée, l'efficacité du GICAM s'impose par :« la circulation des informations entre les différentes entreprises (...) par la remontée de ces informations vers les pouvoirs publics »[58]. C'est précisément J. Faure, secrétaire général (1983-1987), qui lance le *Bulletin Annuel de conjoncture* dans les années80. Voici son témoignage :

> Fédérer tous ces secteurs, c'était adopter une dynamique de concrétisation au travers d'abord du Bulletin Annuel de conjoncture du GICAM, synthèse de l'activité économique du pays. (...). Gros livre de 350 à 400 pages, il avait un mérite : celui de donner les chiffres sur à peu près tous les secteurs de la vie économique, sur toutes les entreprises adhérentes du GICAM bien sûr, mais aussi sur les questions techniques telles que : les finances publiques, la masse monétaire en circulation, les perspectives du plan national, la consommation, le prix de la balance commerciale[59].

Ce témoignage apporte la preuve que la priorité au GICAM est de réaliser des études socioéconomiques au grand bénéfice de tous les intérêts en cause. *Le Bulletin Annuel de conjoncture* n'est pas le seul lancé par J. Faure. Il ya également. *Le Bulletin trimestriel de conjoncture, L'annuaire de l'administration* et les principaux textes administratifs[60]. Toutes ces publications, excepté *Le Bulletin Annuel de conjoncture*, ont connu une certaine évolution. Prenons le cas de la note trimestrielle de conjoncture qu'on peut assimiler aujourd'hui au *Bulletin du GICAM* lancé le 31

---

entreprises d'une certaine taille ». ECI, SNV-GIZ- GICAM, Cameroun, 2007, p.144.

[57] GICAM, *Livre d'or*, *op cit.*, p. 45.

[58] *Ibid.*, p. 29. Témoignage de C. Millet, président du GICAM de 1977 à 1983.

[59] *Ibid.*, p. 35. Témoignage de J. Faure, S.G. du GICAM 1983-1987.

[60] *Ibid.*

octobre 1996. Tel que présenté aujourd'hui, c'est un document d'une vingtaine de pages. Il s'ouvre le plus souvent sur un éditorial écrit par le président en exercice. Cet éditorial porte généralement sur un fait d'actualité : *Doing Business*, conférences internationales, émergence, etc. La suite du document traite des problèmes d'actualité, des textes législatifs, de la synthèse des dîners-débats, etc. Les points les plus importants sont : le dossier et l'analyse de l'économie du pays pendant le trimestre écoulé. Cette partie offre aux lecteurs une analyse experte de l'évolution de l'économie nationale.

En plus du *Bulletin du GICAM*, il y a le site web opérationnel depuis 2001. On y retrouve toutes les informations relatives à la vie du groupement notamment : les textes fondamentaux, les statuts, les textes administratifs, les discours, les photos, etc. Il convient de noter que c'est sous A. Siaka que le GICAM s'est doté d'un site web. Le but était d'améliorer la communication et surtout de permettre à chaque membre de suivre les évolutions en cours dans le Groupement. Ce site web est en perpétuelle rénovation. Sous la présidence d'O. Behlé par exemple, des innovations ont été apportées. Il le fait savoir lorsqu'il affirme : « Nous avons construit un nouveau site web qui a la particularité d'être un espace dynamique, aéré et dont le nouveau design et la nouvelle ergonomie rendent la navigation plus intuitive et conviviale. Ce nouveau site est régulièrement mis à jour par un Web master présent sur place »[61].

Ces quelques outils qui viennent d'être présentés aident le GICAM à réaliser ses objectifs. À côté de ces outils, il y a l'implication des hommes. Cependant, de toutes les grandes figures de l'histoire du groupement, A. Siaka apparaît

---

[61] Rapport moral d'O. Behlé, président du GICAM, 106ème assemblée générale du GICAM. p. 4. Soulignons que pour quiconque souhaite obtenir des statistiques fiables en rapport avec l'économie camerounaise, ce site est une source d'information à prendre en considération.

comme l'une des plus marquantes. L'on ne peut parler du GICAM d'aujourd'hui sans s'arrêter sur cette figure emblématique.

2. André Siaka : l'artisan d'un GICAM fort et crédible au plan national et international (1993 -2008)

Lorsqu'A. Siaka accède à la présidence du GICAM en 1993, la situation du groupement est critique. En effet, la crise économique qui frappe le Cameroun se ressent aussi dans le milieu des affaires. La plupart des chefs d'entreprise membres du GICAM ont plié bagage. L'organisation patronale n'est plus que l'ombre d'elle-même. La tâche qui attend A. Siaka est à la fois historique et titanesque. Historique parce que pour la première fois, un Camerounais doit présider aux destinées du Groupement inter-patronal du Cameroun[62].Titanesque parce que dans le GICAM des années 90, tout est à refaire : il n'y a pas d'immeuble siège, le Groupement est peu visible au plan national. Au plan international, la Banque mondiale juge les organisations patronales camerounaises mal organisées[63]. La justice peine à trancher les litiges dans le milieu des affaires. Face à tous ces défis, A. Siaka se fixe des priorités.

---

[62] C'est vrai qu'avant l'arrivée d'A. Siaka à la tête du groupement, S. Kondo en avait assuré l'intérim en 1988 peu avant la nomination de C. Maître Henry.

[63] Lire le rapport de la Banque mondiale publié en 1996 sur le secteur privé au Cameroun.

(...)Je pense, dit-il, que le rôle du GICAM aujourd'hui est d'abord de se confirmer et de s'affirmer en tant que véritable patronat responsable. Nous avons mis en place des projets qui devraient renforcer le positionnement du GICAM à l'échelle du pays. Nous entamons par exemple bientôt la construction d'un siège pour le patronat. Cet édifice nous l'attendons et nous l'espérons, au-delà de son aspect esthétique, nous formulons le souhait qu'il plaise au grand nombre. (...) Nous envisageons d'autres évolutions et d'autres chantiers qui seront à conduire dans un proche avenir : c'est le cas s'agissant du démarrage prochain d'un centre d'arbitrage qui fonctionne déjà, mais de façon très officieuse. Nous prévoyons naturellement de disposer d'un centre de formation. Donc, les axes de notre développement sont clairs : il s'agit d'asseoir le rôle du GICAM en tant qu'interlocuteur d'une part, des pouvoirs publics, et d'autre part, des bailleurs de fonds. Il s'agit également de positionner le GICAM en tant qu'élément moteur du développement du pays[64].

À la lecture de cet extrait, il apparaît clairement que le président du GICAM a pris le taureau par les cornes. En effet, l'affirmation du groupement en tant que patronat responsable passait par la construction d'un immeuble siège. C'est un projet qui a été réalisé non sans difficulté. En réalité, au départ, il y avait un décalage entre le coût initial du projet et les coûts estimés par les soumissionnaires. E. Noubissie Ngankam le souligne :

(...) Lors de l'Assemblée générale du 7 décembre 2001, il est ressorti du rapport du Président que l'appel d'offres en vue de la construction de l'immeuble siège du GICAM avait été déclaré infructueux par le bureau ; les offres reçues oscillant entre 932 et 1300 millions alors même que le coût initial du projet était estimé à 600 millions de FCFA[65].

Afin de contourner cette difficulté, le Groupement opte pour la réalisation du projet en régie[66]. Voici, présentée dans un tableau, l'équipe chargée de la mise en œuvre du projet :

---

[64] Interview avec A. Siaka, p. 2.

[65] E. Noubissie Ngankam, « Immeuble siège du GICAM : c'est parti ! », Le *Bulletin du GICAM*, n°16, mars 2001, p. 24.

[66] *Ibid.*

Tableau 6 :Équipe pluridisciplinaire chargée de la mise en œuvre du projet.

Noms et Prénoms	Profession	Fonction dans le projet
P. Bisseck	//////////////////////	Chef de mission O.P.C (organisation et pilotage du chantier)
J. Jodel Etienne	Ingénieur des T.P	Conducteur des travaux
C.H.Njock	Architecte DPLG, ingénieur	Architecte d'opération
C.DjemoNoumsi	Ingénieur de coopération du génie civil	Ingénieur béton / structure
D. Mbami	Ingénieur Sup.Elec. Paris	Ingénieur fluide

Source : E. Noubissie Ngankam, « Immeuble siège du GICAM : c'est parti ! », *Le Bulletin du GICAM*, n° 16, mars 2001, p.24.

Le niveau d'expertise de ces équipes dissipait toutes les inquiétudes relatives à la réalisation du projet. E. Noubissie Ngankam le souligne d'ailleurs : « (...) le risque est atténué dans le cas d'espèce par le haut niveau de compétence des divers intervenants dont les états de services sont plus que rassurants »[67].

À côté de cette équipe compétente, le Groupement a signé des conventions avec certaines entreprises.

[67]*Ibid.*

Tableau 7 : Entreprises signataires de la convention avec le GICAM dans le cadre de la construction de l'immeuble siège.

Entreprises	**Lots**	**Nom du promoteur**
PROGELEC	Electricité	D. Kemgne
EQUIBAT RANYBOIS	Menuiserie	F. Eding
LIFTEL	Ascenseur	//

Source : E. Noubissie Ngankam, « Immeuble siège du GICAM », *op cit.*, p. 24.

La réalisation de ce projet nécessitait une implication assidue des membres quant à l'apport en financement et même en matériel et matériau de construction. Afin de ne pas épuiser les membres, le bureau du GICAM a revu la taille du projet et a rassuré les adhérents quant à l'intangibilité de leurs efforts financiers[68]. Toutes ces mesures ont permis la réalisation d'un édifice qui fait aujourd'hui la fierté du groupement. L'immeuble siège du GICAM qui trône aujourd'hui à Bonanjo participe incontestablement au rayonnement de l'organisation patronale.

L'autre réalisation à mettre à l'actif d'A. Siaka c'est la mise en fonction d'un centre d'arbitrage. La création de ce centre était une nécessité. En effet, comme le souligne S. Souop, « L'arbitrage entre très lentement dans les mœurs en Afrique (...) »[69]. De plus, « la justice arbitrale n'est pas

[68]*Ibid.*, p. 24. Il faut souligner que le Groupement a progressivement remboursé les emprunts effectués auprès des membres lors de la construction de l'immeuble siège. Lire le rapport Moral d'O. Behlé, lors de la 106ème assemblée générale du GICAM, Douala, le 17 décembre 2008.

[69] S. Souop, « Les valeurs cardinales de l'arbitrage : le cas de l'arbitrage du centre d'arbitrage du GICAM », Colloque international du Centre

toujours ressentie comme un mode paisible et discret de règlement des différends (...) »[70]. Le premier défi qui justifie la mise en place de ce centre au sein du GICAM est donc la vulgarisation et la pacification des relations d'affaires[71].Bien plus encore, l'arbitrage, dans son aspect pratique, fait face à de nombreux obstacles : d'abord, les sentences arbitrales sont le plus souvent remises en cause. Ensuite, l'arbitrage est une prestation rémunérée. Enfin, les parties ne sont pas souvent conscientes des avantages à recourir à un arbitrage[72]. À toutes ces raisons, il faut ajouter le fait qu'au Cameroun, les procédures judiciaires sont lourdes, coûteuses et souffrent d'un problème de crédibilité en raison de la corruption qui sévit dans le secteur. Ce n'est d'ailleurs pas un hasard si le 31 décembre 2006, lors de son message à la nation, le président de la République, Paul Biya, notait en perspective qu'« il faudra améliorer l'environnement des affaires, en assurant aux opérateurs économiques une sécurité juridique convenable(...) »[73]. On comprend dès lors que le second objectif poursuivi par le GICAM à travers le CAG c'est de régler le problème relatif à la lourdeur administrative en matière judiciaire. Au final :

> Le centre d'arbitrage du GICAM est né de la volonté des membres de doter leur Groupement d'un outil juridique susceptible d'assurer dans les litiges d'affaires un règlement spécifique,

---

d'Arbitrage du GICAM, 2ème édition, du 23-24 mars 2009, http:// www. Legicam.org, p.2. Consulté le 12 mars 2011 à 14 heures.

[70] *Ibid.*

[71] *Ibid.*

[72] *Ibid.*

[73] Discours d'O. Behlé à l'occasion du *Cameroon Business forum*, le 18 février 2010, http:// www. Legicam.org, p.9. Consulté le 12 avril 2011 à 14 heures.

accepté, discret et rapide, et partant, de préserver et de développer des relations harmonieuses entre partenaires[74].

Ces objectifs ne pouvaient être atteints que si l'organisation patronale jouissait d'une crédibilité sans faille. Heureusement, sous l'impulsion du président A. Siaka, le GICAM a assis sa notoriété et le CAG a acquis en crédibilité. Voici son témoignage :

> Notre centre d'arbitrage a poursuivi ses opérations de vulgarisation de la justice arbitrale en même temps que ses activités de résolution des litiges d'affaires. Au terme de cinq années de fonctionnement, nous avons noté avec satisfaction que le recours au centre d'arbitrage du GICAM est passé d'une affaire en 2002 à plus de15 affaires pour la seule année 2007. Il est également constant que les entreprises qui saisissent notre centre se comptent aussi bien parmi les entreprises membres du Groupement que parmi les non membres, parmi les grandes entreprises locales ou multinationales et parmi les PME. Les intérêts en jeu vont, globalement, de 10millions à plus de 2 milliards de FCFA. De manière tout aussi significative, 90 % des sentences rendues ont été exécutées volontairement par les parties condamnées. Ce qui renseigne sur la légitimité et la qualité de la justice rendue par notre centre[75].

Ce bilan démontre que le CAG, en fonction depuis le 30 mai 1997, existe bel et bien et qu'il satisfait aux attentes des membres.

Toujours dans l'optique de faire du GICAM un moteur pour le développement du Cameroun, A. Siaka a impulsé la

---

[74] C. Dongmo Guimfack, « L'arbitrage en droit de la propriété intellectuelle dans l'espace OAPI » mémoire de Master en droit de la propriété intellectuelle, UYII, 2009, p. 29.

[75] Rapport Moral de A. Siaka, président du Gicam, 104ème assemblée générale ordinaire, 19 décembre 2007, http:// www. Legicam.org, consulté le 12 avril 2011 à 14 heures. p. 10. Notons au passage que le CAG a fait les choux gras de la presse nationale quant à l'affaire MTN et sous-traitants. Sans vouloir entrer dans les détails, soulignons que la grande multinationale a fortement contesté la sentence rendue par le CAG. Tout ceci n'a en rien décrédibilisé la structure.

mise sur pied d'un centre de formation. Cela venait à point nommé puisqu'au Cameroun :« reste faible la proportion des chefs d'entreprise conscients du fait que le rendement de leur entreprise, sa productivité, le niveau de ses coûts, la qualité de ses produits, et par ricochet, sa capacité à soutenir, à survivre à la compétition dépendent (...) de ses facultés à apprendre très vite »[76].Cette situation est d'autant plus grave que nombre de chefs d'entreprise ne cachent pas leur scepticisme quant au coût et même à l'utilité de la formation qu'ils considèrent comme un luxe[77]. Cependant, la formation s'impose d'elle-même pour permettre aux chefs d'entreprise de « tirer meilleur parti du capital humain »[78]. C'est la formation qui permet au capital humain de devenir fonctionnel et productif des ressources matérielles et immatérielles. Il faut noter qu'il ne s'agit pas d'une formation au rabais, vulgaire, mais d'une formation qui « doit se fonder sur un diagnostic précis des besoins des entreprises et permettre au personnel, toutes catégories socioprofessionnelles confondues, d'atteindre (...) le niveau d'auto- invention »[79].Telle est la raison d'être du projet formation du GICAM finalisé depuis 1998[80].

On peut donc comprendre qu'A. Siaka ait réalisé, en quinze ans (de 1993 à 2008), la plupart des objectifs qu'il s'était fixés à savoir : construire un immeuble siège, instaurer un centre d'arbitrage et améliorer la formation des cadres par la mise sur pied d'un centre de formation. Les précédents développements laissent donc apparaitre un A. Siaka dynamique. Certains témoignages le prouvent. Voici celui de

---

[76] F.A. Sanzouango, A.M. Soussia, J. Tejin, « L'entreprise et ses hommes, l'impératif de la formation », Gicam, *Livre d'or*, *op cit.*, p. 140.

[77]*Ibid.*, p.141

[78]*Ibid.*, p.140.

[79]*Ibid.*, p.141.

[80] Actuellement, le GICAM bénéficie de la coopération de grands centres de formation des pays comme le Canada pour améliorer la qualité de l'offre de formation dispensée aux cadres qui sollicitent le Groupement.

J. Faure :« Le GICAM a, depuis, atteint sa vitesse de croisière et continue d'aller de l'avant sous l'impulsion de son dynamique président A. Siaka »[81]. C. Maître Henry, quant à lui, souligne le dynamisme du président Siaka qui a fait connaitre le Groupement à l'échelle internationale. Voici ses propres dires :

> Depuis, je constate avec plaisir, que sous l'active impulsion du président Siaka, le Groupement Inter-Patronal du Cameroun se trouve entête des structures nommées dans le texte de la Banque Mondiale (...). Mais aussi que notre Président participe aux grandes réunions internationales et qu'il peut ainsi faire entendre la voix de notre mouvement avec force et liberté[82].

A. Siaka, lui-même, dans l'une de ses multiples interviews, a reconnu avoir battu le record du bas niveau des critiques. Le président Siaka a donc réussi à marquer d'une empreinte indélébile son passage à la tête du GICAM. La crédibilité dont jouit l'organisation patronale aujourd'hui à l'échelle nationale et internationale est une conséquence de l'œuvre de cet homme.

Il y a donc lieu de retenir à la fin de ce chapitre que le GICAM, dès son origine, est un organisme d'études. Son rôle est d'étudier l'économie du territoire, de publier les résultats, de maintenir un dialogue constructif et permanent entre les acteurs du secteur privé du pays et les pouvoirs publics. Le Groupement s'est donné les moyens adaptés à ses objectifs. Au cours de son évolution, le GICAM a dû traverser des moments difficiles : la crise économique qui frappe le Cameroun, les villes mortes, l'apparition du secteur informel, etc., ont contraint l'organisation patronale à opérer

---

[81] GICAM, *Livre d'or*, *op cit.*, p. 30.

[82]*Ibid.*, p. 43. Il est important de signifier qu'aujourd'hui, grâce à la crédibilité dont jouit le GICAM, l'organisation patronale « représente désormais les employeurs du Cameroun auprès de toutes les organisations sous régionales et internationales en lieu et place de l'Union des Syndicats Professionnels du Cameroun (USPC) ».

sa mue en 1992. Dans sa marche, A. Siaka a œuvré pour un GICAM qui a assis sa notoriété au Cameroun et à l'international. A présent, il importe de savoir quels types de rapports le GICAM entretient avec les pouvoirs publics afin de promouvoir le développement économique et social du Cameroun durant le tout-Etat, d'une part. Il n'est pas inutile de voir quels ont été les effets de l'avènement du libéralisme sur le GICAM d'autre part.

CHAPITRE III :

LE GICAM, DU TOUT-ÉTAT À L'AVÈNEMENT DU LIBÉRALISME ÉCONOMIQUE AU CAMEROUN

Le Révérend Père E.Mveng a écrit que « l'Histoire n'aime pas la logique »[1].Nous adhérons à cette idée. En effet, la logique aurait voulu qu'au lendemain de l'indépendance, le gouvernement camerounais prît des mesures allant dans le sens de l'amélioration du climat des affaires. Que ce gouvernement décidât d'accompagner le secteur privé comme l'avait fait l'administration coloniale. Hélas ! ce à quoi on pouvait s'attendre n'arriva guère. En réalité, la politique économique du gouvernement Ahidjo avait fini par créer un environnement hostile à la croissance des hommes d'affaires. De plus, l'Etat, habité par l'idée d'une indépendance économique, s'était emparé de la quasi-totalité du système productif : c'est l'ère du tout-Etat. Or, le tout-Etat ne paye pas. La preuve est que lorsqu'apparaît la crise économique, tout le système s'est effondré comme un château de cartes. Le libéralisme *made in Bretton Woods*

[1] E. Mveng, *Histoire du Cameroun*, Tome II, C.E.P.E.R, 1985. Cette phrase avait pour objectif d'expliquer le fait qu'au départ, la volonté de Bismarck, chancelier du *Reich*, n'était pas de se lancer dans l'aventure coloniale. Finalement, en 1884, Bismarck change d'avis grâce au mémoire qu'Henri de Kusserow lui adressa le 08 avril 1884. H. Brunschwig, *Le partage de l'Afrique Noire*, Paris, Flammarion, 1971, pp.151-153.

s'est inévitablement imposé. Depuis lors, le pouvoir, contraint de s'ouvrir, entretient, bon gré mal gré, des relations avec le secteur privé s'agissant de divers aspects de la vie économique.

L'objectif de ce chapitre, le troisième de ce travail, est d'une part de montrer que le GICAM, à l'ère du tout-Etat, a entretenu de bons rapports avec les pouvoirs publics, ce qui a permis au groupement de remplir sa fonction régalienne : défendre l'intérêt de ses membres afin de permettre le développement économique et social du pays ; d'autre part, de montrer que l'avènement du libéralisme a eu des effets positifs et des effets négatifs sur les activités du GICAM.

I- Le secteur privé au Cameroun à l'ère du tout-État ou la graine qui a germé ‘‘parmi les épines’’[2]

Afin de mieux saisir l'environnement dans lequel évolue le secteur privé, il s'avère utile d'en présenter les composantes et de montrer la toute-puissance du pouvoir central face au secteur privé à l'ère du tout- Etat au Cameroun.

A- Les composantes du secteur privé au Cameroun après l'indépendance

Deux principales composantes caractérisent le secteur privé au Cameroun après l'indépendance : les étrangers et les nationaux.

1. Les étrangers

Au Cameroun postcolonial, la classe dominante dans le milieu des affaires est celle des étrangers. En effet, les

---

[2] Matthieu 13 :7. Cette phrase est inspirée de la parabole du semeur prononcée par Jésus-Christ. En effet, il s'agit de montrer que le secteur privé a évolué dans un environnement difficile à l'ère du tout-Etat.

entreprises étrangères sont prépondérantes dans le commerce et l'industrie. Cependant, la plupart de ces maisons, jadis spécialisées dans l'import-export, se sont muées « en des sociétés de représentation industrielle »[3]. Voici, représentés dans un tableau, les quatre grands groupes qui dominent le marché camerounais à l'aube de l'indépendance :

Tableau 8 : Les grandes maisons qui dominent le marché camerounais au lendemain de l'indépendance.

Nom de l'entreprise	Nationalité
CFAO	Française
SCOA	Française
SHO	Française
CNF Niger- France	Britannique

Source :M. Courcelle, *Le secteur Privé*, 1990, p.56.

Ce tableau fait montre de la domination des intérêts français. En effet, dans le commerce, malgré la forte concurrence asiatique et grecque, la SCOA contrôle à l'époque 40 % du marché automobile grâce à la vente du matériel japonais[4]. Dans l'industrie, notamment dans l'industrie minière, la « France s'illustrait particulièrement »[5] à travers ELF- SEREPCA.

D'une façon générale, les capitaux étrangers dominent les secteurs de transformation des matières premières locales et ceux des industries agroalimentaires. Voici, par secteur d'activité, les différentes entreprises étrangères qui sont présentes au Cameroun :

---

[3] M. Courcelle, *Le secteur privé*, *op cit.*, p. 56. Il y a lieu de noter que certaines mesures prises par l'Etat avaient favorisé l'installation des capitaux privés étrangers dans le territoire.

[4] *Ibid.* p. 57.

[5] D. Tcheumeni, « La politique industrielle du Cameroun 1960-2000 », mémoire de Maitrise en histoire UYI, 2001, p.64.

Tableau 9 : Liste des entreprises par secteur d'activité des années 1960 aux années 1990.

Secteurs	Entreprises	Nationalité
Boissons	SABC	Française
//////////////////////	GUINNESS Cameroon	Britannique
Fèves de cacao	-SIC -CHOCOCAM	Française
Sucre	-SOSUCAM	Les intérêts français représentaient 38 % du capital
Coton	-DMC (CICAM, SYNTECAM,SOLICAM)	Française
Métallurgie	-PUK(Péchiney Ugine Kuhlman)	Française

***Source* :** M. Courcelle, *Le secteur privé, op cit.*, pp. 58-60.

Comme on peut le voir, la domination des capitaux français est littéralement écrasante. Notons tout de même la présence d'autres étrangers tels que : les Grecs, les Indiens, les Pakistanais, etc. M. Courcelle justifie le succès relatif de ces différentes communautés par « la légèreté de leur structure. Elles savent utiliser une main-d'œuvre restreinte qui travaille et vit en quasi autarcie dans les installations réduites et leur mode d'approvisionnement échappe totalement au circuit classique »[6].

En définitive, les capitaux privés étrangers sont prépondérants au Cameroun post colonial. Cela ne voulait pas dire que les nationaux étaient absents, bien au contraire.

2. Les nationaux : l'indiscutable domination bamiléké

Quand on parle du secteur privé national au Cameroun, on se réfère d'abord aux Bamiléké. En effet, c'est une véritable « race d'entrepreneurs » à côté des Ibo, des Ganda, des Bakongo en Afrique. I.B.Dzana souligne que : « les Bamiléké ont les germes, les dons, les secrets de la réussite

---

6 M. Courcelle, *Le secteur privé, op cit.*, p.57.

commerciale »[7]. C'est ce qui explique le fait que : « les réussites les plus spectaculaires du secteur privé camerounais sont celles de Bamiléké »[8]. Ce dynamisme bien connu des Bamiléké est dû à leur culture, à leur histoire et à la nature[9]. Mais, les Bamiléké ne sont pas les seuls. En réalité, les Haoussa et les nordistes ont aussi acquis, grâce à l'histoire et même à la nature, des qualités qui leur ont permis d'intégrer sans grande difficulté le milieu des affaires. A la différence des Bamiléké cependant, les nordistes investissent très peu dans l'industrie. Ce sont des commerçants. Au bas de l'échelle se trouvent les « autres »[10]. Ce dernier groupe se recrute parmi les Beti, les Bassa, voire toutes les ethnies ayant bénéficié des largesses de dame nature. Ces derniers ne sont pas de véritables foudres de guerre dans le secteur privé. Ce sont, pour la plupart, des fonctionnaires quand ils ne se retrouvent pas dans l'informel.

Ainsi donc, le secteur privé au Cameroun post colonial présente un visage complexe. On retrouve au sommet les étrangers, majoritairement français. Ensuite les nationaux parmi lesquels se distinguent singulièrement les Bamiléké et les nordistes. Devant cette complexité, il importe de savoir comment le gouvernement Ahidjo devait gérer le milieu des affaires. Les choix de politique économique du pouvoir allaient-ils permettre l'épanouissement des hommes d'affaires ? Le prochain paragraphe essaie d'y répondre.

---

[7] Ignace Bertrand Dzana, « L'esprit d'entreprise chez les Bamiléké et les Béti au Cameroun : une étude anthropologique comparée », thèse de Doctorat/Ph.D en Anthropologie du développement, UYI, 2009.

[8] M. Courcelle, *Le secteur privé,op cit.*, p.52.

[9]*Ibid*.p.206. En lisant la thèse de I. B. Dzana, on se rend à l'évidence que les Bamiléké, depuis leur jeune âge, sont prédisposés à devenir de redoutables entrepreneurs. Leur histoire, fortement influencée par les guerres, a contribué à forger leur caractère. De plus, la nature a contribué à impulser leur expansion.

[10] « Le secteur privé camerounais a trois composantes : les Bamiléké, les Haoussa et les autres », M. Courcelle, *Le secteur Privé,op cit.*, p.52.

B- La toute-puissance du pouvoir central face au secteur privé

Au lendemain de l'indépendance, A. Ahidjo finit par construire un Etat fort, omniprésent, qui a tenu le secteur privé sous son contrôle : c'est l'ère du tout-Etat.

1. Pourquoi en est-on arrivé au tout-Etat au Cameroun ?

Le tout-Etat suppose l'accaparement du système productif par l'Etat. S'inspirant d'une métaphore de théâtre, R. Laheuguère apporte une illustration assez concrète en décrivant l'Etat camerounais de la manière suivante : « L'Etat était l'auteur de la pièce, l'acteur et le spectateur »[11]. A partir de là, il est aisé de déduire que l'Etat est partout ne laissant qu'une maigre place au secteur privé, à la libre concurrence dans la vie économique. Cependant, la question demeure : pourquoi en est-on arrivé au tout-Etat au Cameroun ?

Sans prétendre à l'exhaustivité, trois raisons permettraient de tenter une explication quant à l'option du tout-Etat adoptée par la plupart des Etats d'Afrique française en général et le Cameroun en particulier : l'héritage du système colonial français, la situation politique du Cameroun et l'absence d'une capacité d'entreprendre au plan national.

En effet, pour ce qui est de la première raison, il faut noter que l'administration française était directe donc centralisée. La politique coloniale qui a dominé la gestion des territoires français, c'est l'assimilation. Cette politique a consisté à faire des colonisés des Français à la peau noire. Cela explique pourquoi les territoires français ont hérité du système d'administration de la métropole. P. Hugon explique d'ailleurs que : « Les pays francophones ont hérité des pratiques de l'administration française : centralisation,

---

[11] GICAM, *Livre d'or*, *opcit.*, p.37.

hiérarchisation, rémunération non liée à la productivité(...) Ce modèle colbertiste permet d'expliquer un relatif maintien actuel des administrations et des régimes politiques »[12] . Cet héritage s'étend jusqu'à la formation des hommes. En réalité, l'émergence des élites nationales était consécutive au modèle des territoires français, qui accordait une place non négligeable à l'enseignement général[13]. La plupart des élèves issus de ce système étaient utilisés comme employés de bureau, instituteurs et interprètes[14]. A. Ahidjo, en l'occurrence, est un pur produit de ce système. M. Courcelle écrit à son sujet que :« Le filtre de l'école coloniale lui avait laissé une seule idéologie : le sens de l'Etat et il s'est décrit lui-même comme un gaulliste non français »[15]. A partir de là, on peut sans grande difficulté postuler que le tout premier président camerounais a été influencé par le modèle véhiculé par la métropole. Ce modèle « était celui d'une économie administrée, d'ensembles protégés où l'Etat jouait un rôle central »[16]. C'est tout à fait le contraire avec le modèle anglais « où les référents étaient davantage ceux du marché et du libéralisme extérieur »[17].

Ensuite, il faut prendre en compte la situation politique du Cameroun après l'indépendance. En effet, le Cameroun des années 60 « est en proie à une guerre d'indépendance depuis 1955 »[18]. L'UPC constituait une menace permanente. Pour le pouvoir en place, l'urgence était de pacifier le pays. Cette pacification s'achève en janvier 1971 par l'exécution de Ernest Ouandié. Il faut également prendre en compte le fait que le gouvernement d'Ahidjo recherchait en permanence un

---

[12] P. Hugon, *L'économie de l'Afrique*, Paris, La Découverte, 2009, p.17.
[13]*Ibid.*
[14]*Ibid.* p.22.
[15] M. Courcelle, *Le secteur privé,op cit.*, p.28.
[16]P. Hugon, *L'économie, op cit.*, p.19.
[17]*Ibid.*
[18]A. G. Zeufack, *Investissement privé,op cit.*, p.42.

équilibre. En effet, A.G. Zeufack explique que :« Le Cameroun est une mosaïque géographique et ethnique (environ 200 ethnies) marquée par deux grands antagonismes : l'un régional (Nord-Sud) et l'autre linguistique (francophone et anglophone). La vie politique y est marquée par une recherche d'un équilibre entre ces points »[19]. Cela signifie qu'aucun Camerounais ne devait se sentir exclu. Veiller au maintien de cet équilibre nécessitait un Etat fort.

Enfin, l'absence d'un secteur privé national fort justifierait l'option du tout-Etat adoptée par le gouvernement camerounais. A.G.Zeufack le confirme lorsqu'il écrit :

> L'argumentation justifiant l'intervention massive de l'Etat dans l'activité d'investissement dans les années 70 reposait sur l'idée selon laquelle dans les PVD, il existe une pénurie de l'initiative privée locale, c'est-à-dire une absence de la capacité d'entreprendre ou d'investir (...) l'Etat devait donc pallier cette insuffisance, en engageant des grands projets d'investissements (...)[20].

On peut ainsi conclure que le Cameroun n'adopte pas le tout-Etat de façon hasardeuse : l'héritage du système colonial français, la situation politique du Cameroun et l'absence d'une capacité d'entreprendre ont fini par faire de l'Etat camerounais un Etat fort, entrepreneur, client, bref, « l'auteur de la pièce, l'acteur et le spectateur ». Quels sont les rapports qu'un tel Etat pouvait avoir avec le secteur privé ?Etait-il seulement envisageable, dans un tel Cameroun, de dissocier l'activité économique des privés de la politique économique élaborée par le pouvoir ?

---

[19] *Ibid.*
[20] *Ibid.* p. 102.

2. Le secteur privé sous le contrôle d'une administration puissante

Sous A. Ahidjo, le secteur privé était confronté à de nombreux obstacles. Quatre raisons suffiraient pour le démontrer : l'idée d'une indépendance économique omniprésente dans l'esprit du gouvernement en place, la logique du clientélisme, le contrôle du secteur privé depuis l'intérieur et la suprématie du fonctionnaire vis-à-vis de l'entrepreneur.

A. L'idée d'une indépendance économique omniprésente

Le Cameroun, sous A. Ahidjo, est une nation jalouse de son indépendance[21]. L'indépendance économique constitue alors un objectif prioritaire. Le Président n'a d'ailleurs jamais manqué l'occasion de le faire savoir. Voici par exemple l'argument qu'il développe aux hommes du milieu des affaires à Douala, le 2 janvier 1962 :

> (...) Tout porte à croire que les efforts des hommes et des Etats et en particulier des Etats africains convergent actuellement vers l'indépendance économique ; car, en fait, l'indépendance économique c'est avant tout la recherche quotidienne des moyens et la pratique des grandes opérations économiques pour l'accroissement des productions nationales[22].

Afin de nous situer dans le contexte de cette déclaration, il faut savoir que nous sommes en 1962. L'emploi du temps du chef de l'Etat est chargé en raison de la mise en place des différentes institutions républicaines et de la réunification intervenue un an plus tôt. Le Président rencontre donc le milieu des affaires pour lui exposer les grandes orientations

---

[21] N. Mouelle Kombi, *La politique étrangère du Cameroun*, Paris, L'Harmattan, 1996.

[22] *Anthologie des discours* (1957-1979), les nouvelles éditions Africaines, pp. 162-164.

de sa feuille de route au plan économique. Le fait à souligner est que l'indépendance économique suppose une grande implication de l'Etat. Il n'est guère question de laisser libre cours au secteur privé. C'est l'Etat qui contrôle la majorité des secteurs économiques porteurs. Ce contrôle est fait via la création des entreprises publiques. A.G. Zeufack le confirme d'ailleurs lorsqu'il écrit que : « les entreprises publiques ont en général été considérées plus comme des symboles d'une ''indépendance économique'' que comme des instruments de développement économique »[23]. C. Essomba Ambassa renchérit en soulignant qu'« au cours des dernières décennies, l'on a pensé que les pays africains pouvaient rentrer dans la modernité sur le mode de la grande entreprise publique. Ce modèle s'est ainsi imposé comme le socle des politiques de développement »[24]. Dans cette perspective, le secteur privé n'a d'autre choix que d'évoluer suivant la ligne de conduite tracée par le pouvoir. Les plans d'action définis par l'Etat représentent le seul sentier à suivre. A. Ahidjo l'a rappelé aux hommes d'affaires à Douala, en 1962 : « (...) nous estimons que cette intégration (c'est-à-dire l'intégration du secteur privé dans l'économie nationale) pour être efficace, ne saurait s'opérer en marge de la politique économique du gouvernement, dont la base à l'heure actuelle se retrouve dans les plans communs »[25]. Cependant, V.J. Ngoh fait remarquer que les plans de développement élaborés par le gouvernement n'épousaient pas toujours les aspirations des entrepreneurs[26]. En réalité, J. Ngandjeu explique qu'à travers le libéralisme planifié, l'Etat encourageait les hommes d'affaires nationaux et étrangers

---

[23] A. G. Zeufack, *Investissement privé,op cit.*, p. 30.

[24] C. Ambassa Essomba, « Compétitivité et financement de l'économie camerounaise dans le contexte d'une économie mondialisée. », *Revue camerounaise du Management*, n°13, juin 2004, p. 27.

[25] *Anthologie des discours, op cit.*p.163.

[26] Victor Julius Ngoh, *Le Cameroun 1885-1985. Cent ans d'histoire*, Yaoundé, CEPER, 1990, p.223.

par des mesures d'aménagement fiscal et des facilités douanières[27]. Le problème est que ces facilités étaient ciblées. Voici, pour s'en convaincre, le commentaire de M. Courcelle :

> Le libéralisme planifié accordait une certaine liberté d'entreprendre à condition de respecter les objectifs du plan qui n'étaient pourtant, en principe, qu'indicatifs. Mais, l'administration était seule juge de la conformité des entreprises avec les objectifs du plan. C'est en fonction de cette conformité qu'elle accordait ou refusait les exemptions fiscales prévues par le code des investissements et indispensables au fonctionnement de l'entreprise[28].

C'est la preuve que le pouvoir ne souhaitait pas voir le secteur privé évoluer dans une sorte de libéralisme incontrôlé. Bien au contraire, il s'agissait d'un libéralisme ordonné, sélectif, non anarchique[29]. Cette situation était aggravée par le fait que, pour le président Ahidjo, la prolifération des entreprises représentait un obstacle :

> Ce qu'il faut souligner, écrit M. Courcelle, c'est qu'au Cameroun, l'entreprise, qu'elle soit publique ou privée, a toujours été plus tolérée qu'encouragée. Pour le Président Ahidjo, elle était la source de difficultés : elle entrainait l'exode rural et présentait un danger pour l'autosuffisance alimentaire, elle créait un prolétariat urbain favorable aux idées marxistes de l'UPC et une élite bourgeoise potentiellement dangereuse pour le pouvoir. Le secteur privé était donc la principale cible du pouvoir administratif[30].

On peut donc conclure que le souci de préserver l'indépendance économique a poussé le pouvoir à s'ériger en

---

[27] Jean Ngandjeu, *Le Cameroun et la crise. Renaissance ou blocage ?* Paris, L'Harmattan, 1988, p.19.
[28] M. Courcelle, *Le Secteur Privé,op cit.*, p.148.
[29] Alain Thomas Etamane Mahop, « Les grandes orientations des politiques économiques au Cameroun sous l'ère du Président Ahmadou Ahidjo de 1960 à 1982 : analyse historique. », p. 215. www.politique africaine.fr, consulté le 12 mai 2013, à 20 heures.
[30] *Ibid.*

acteur principal de l'économie au détriment du secteur privé. Cette situation a prêté le flanc au clientélisme.

B. La logique du clientélisme

Lorsque dans sa thèse, I.B. Dzana dénonce le clientélisme des entrepreneurs bamiléké vis-à-vis du pouvoir, il n'ignore pas que c'est une pratique qui a fait son lit durant le premier régime au Cameroun. En réalité, l'objectif du pouvoir est de contrôler les milieux d'affaires. Il s'agit également de permettre l'éclosion d'un secteur privé national pouvant tenir une vive concurrence aux investisseurs étrangers. Cette logique a moins favorisé l'épanouissement des investisseurs dans notre pays. Certes, en adoptant des positions nationalistes, l'Etat était dans son bon droit. A. Ahidjo a raison de dire aux hommes d'affaires que « La participation active des Camerounais au développement des entreprises privées, c'est-à-dire leur association au développement du crédit, est un des facteurs indispensables de l'intégration du secteur privé dans l'économie nationale »[31]. Mais le but visé par cette intégration des nationaux est davantage politique qu'économique. J. F. Bayart a relevé que : « Pour des raisons politiques, A. Ahidjo, son ministre Victor Kanga et l'administration ont facilité l'ascension économique des Bamiléké en fermant les yeux sur de nombreuses irrégularités commerciales, fiscales et douanières »[32]. En le faisant, A. Ahidjo « a acheté la fidélité des élites Bamiléké tout en maintenant son contrôle sur elles »[33]. Cette politique a eu un double revers. D'une part, l'injustice qui se pratiquait a poussé de nombreux investisseurs à quitter le pays[34].

---

[31] *Anthologue des discours*, p. 64.

[32] J. F. Bayart, « Régime de parti unique », *op cit.,* p. 24.

[33] M. Courcelle, *Le secteur privé,op cit.*, p. 27.

[34] M.F. Akono Abina, dans son mémoire, a conservé de nombreux témoignages d'hommes d'affaires grecs ayant quitté le pays à cause des mauvaises pratiques administratives.

D'autre part, les Bamiléké, devenant trop puissants, constituaient désormais une gêne. C'est la raison pour laquelle le gouvernement « s'est par la suite montré moins complaisant à leur égard, mais il s'est attaché à aider les milieux d'affaires haoussa originaires du Nord, désormais puissants »[35]. L'on peut donc comprendre que si « le gouvernement ne (ménagea) aucun effort pour encourager les investissements privés camerounais »[36], il ne le faisait que dans un but purement politique. Le souci premier était de contrôler le secteur privé. La vie intérieure des entreprises n'était pas épargnée.

C. Le contrôle des entreprises depuis l'intérieur

Le contrôle des entreprises depuis l'intérieur s'est fait à travers le « principe de l'équilibre ». En effet, l'unité nationale prônée par le pouvoir exigeait une prise en compte de tous les groupes ethniques dans le secteur privé. Étant donné que c'est l'administration qui distribuait les agréments, il était facile de sanctionner ceux des entrepreneurs qui ne respectaient pas ce principe fondamental. La délégation provinciale du ministère du Travail de l'époque veillait à la stricte application de cette mesure. C'est pourquoi le promoteur d'une entreprise se voyait proposer la main-d'œuvre par cette institution. Ladite main-d'œuvre était constituée de personnes issues des groupes ethniques différents. En cas de refus, le promoteur devait se justifier. Les licenciements devaient eux aussi respecter l'équilibre ethnique[37]. Lorsqu'une entreprise, pour des besoins de compétence, se refusait d'appliquer ce principe, elle devenait immédiatement l'ennemie de l'administration.

---

[35] J.F. Bayart, « Le régime de parti unique », *op cit.*, p. 24.
[36] D. Tcheumeni, « La politique industrielle »,*op cit.*, p. 63.
[37] M. Courcelle, *Le secteur privé,op cit.*, p. 49.

Bien plus, l'équilibre qui était imposé aux entreprises l'était également dans la vie économique. En réalité, une ethnie ne devait pas dominer tous les secteurs de l'économie. C'est la raison pour laquelle :

> Les autorités peuvent en effet décider qu'un groupe ethnique est trop présent ou trop fort dans un domaine d'activité et refuser de donner les autorisations nécessaires, quelle que soit la qualité du dossier présenté. A l'inverse, un promoteur d'une ethnie peu présente dans ce secteur peut être poussé à intervenir même si son dossier ne présente pas toutes les garanties souhaitées[38].

J.F.Bayart va plus loin en soulignant que :« La Banque Camerounaise de Développement défavorise parfois les entreprises Bamiléké afin de laisser leur chance aux autres ethnies »[39]. Cette logique d'équilibre frustrait de nombreux entrepreneurs.

Le plus dur pour ces derniers était dû au fait que l'administration, parce que détenant finalement tous les pouvoirs, a fait du fonctionnaire un roi. Toutes choses qui rendaient la tâche difficile aux opérateurs économiques.

*D. **La suprématie du fonctionnaire vis-à-vis de l'entrepreneur***

La bureaucratie qui s'était construite sous la présidence d'A. Ahidjo a rendu la vie difficile aux entrepreneurs. En effet, dans le Cameroun d'alors où le politique contrôlait littéralement l'économique, le chef d'entreprise se devait de « prêter allégeance aux fonctionnaires les plus importants pour le fonctionnement de son entreprise »[40]. De plus, cette suprématie du fonctionnaire vis-à-vis de l'homme d'affaires se mesurait, à en croire M. Courcelle, « au temps passé dans les couloirs et les salles d'attente des ministères, au pouvoir

---

[38] *Ibid.*

[39] J.F. Bayart, « Le régime de parti unique »,*op cit.*, p. 24.

[40] M. Courcelle, *Le secteur Privé,op cit.*, p. 50.

considérable des plantons et des secrétaires »[41]. Le fonctionnaire s'est érigé en un véritable obstacle. A.G. Zeufack l'explique ainsi qu'il suit :

> Son prestige est grand et pour le pérenniser, il se plaît généralement à compliquer délibérément les procédures administratives. En effet, il peut par une décision administrative bloquer l'activité de l'homme d'affaires. Une administration lourde profite doublement au fonctionnaire : elle lui confère un pouvoir de négociation plus grand qui lui permet d'accroître ses rentes (...)[42].

Dans ce contexte, l'inimitié entre le fonctionnaire et l'homme d'affaires s'est accrue. Divers stigmates se sont construits. Pour le fonctionnaire : « l'homme d'affaires est perçu comme étant fondamentalement malhonnête »[43]. Pour l'homme d'affaires, le fonctionnaire est un bon à rien. Dans ce combat, l'entrepreneur, pour survivre, se devait de faire profil bas devant une administration puissante. Il n'avait d'ailleurs pas le choix. Au Cameroun, à l'ère du tout-Etat, le secteur privé était« mal aimé par une administration totalitaire »[44]. Cette attitude hostile de l'administration vis-à-vis du secteur privé rendait difficile la survie de l'entreprise. M. Courcelle le dit d'ailleurs clairement :

> Toute la difficulté au Cameroun, pour un opérateur économique, vient de l'attitude de l'administration à l'égard du secteur privé.

---

[41] *Ibid.* p. 48.

[42] A. G. Zeufack, *Investissement privé,op cit.*, p. 242.

[43] *Ibid.* L'auteur relève que pour la plupart des pays africains, la suprématie du fonctionnaire s'explique par le fait qu'il demeure l'incarnation de l'administrateur colonial même si une nuance peut être faite dans les cas du Ghana et du Nigeria.

[44] M. Courcelle, *Le secteur Privé,op cit.*, p.54. C'est vrai que certains entrepreneurs n'étaient pas sans reproche. Ils brillaient par : le non-respect des engagements vis-à-vis des tiers, les malversations financières, le peu de qualité de leurs prestations. Mais tout cela n'exclut pas que le contexte était difficile. Lire F. Ngah Nomo, « L'appui canadien au secteur privé camerounais 1970-2009. », mémoire de Maîtrise en histoire, UYI, 2001, p.47.

> (...) l'administration confine parfois à l'absurde et peut conduire à la mort des entreprises. Dans un tel contexte d'insécurité, la vie de l'entrepreneur et des cadres expatriés est particulièrement difficile[45].

Ainsi donc, à l'ère du tout-Etat, le secteur privé était contrôlé. Le pouvoir avait tout centralisé. Dans ce contexte, il fallait être un client du pouvoir pour s'épanouir. Que répondre à ceux qui ont affirmé que le Cameroun était le paradis des hommes d'affaires ? Simplement, que le Cameroun était un paradis pour deux catégories d'hommes d'affaires : les chefs d'entreprise clients du pouvoir, c'est-à-dire : les politiciens entrepreneurs, les entrepreneurs politiciens et les expatriés influents. Pour le reste, le souvenir du Cameroun est très sombre. C'est pourquoi nous soutenons qu'à l'ère du tout-Etat, le secteur privé était semblable à une graine qui a germé au milieu des épines. Dans cette perspective, il devient intéressant de voir comment le GICAM a évolué dans un tel environnement.

II- Le GICAM pendant le tout-État : un organisme au cœur du dialogue public-privé

A- Le GICAM, un organisme régulièrement consulte

Pendant le tout-Etat, le GICAM bénéficie d'un certain nombre d'atouts qui ont fait de lui un instrument de dialogue privilégié avec le pouvoir.

1. Les atouts du GICAM à l'ère du tout-État

Au lendemain de l'indépendance, le GICAM occupe une place intéressante dans un environnement où l'Etat s'est arrogé tous les rôles. Durant cette période caractérisée par une administration puissante, tentaculaire, affichant une attitude hostile à l'égard du secteur privé, aux moins deux

---

[45] *Ibid.* p. 68.

éléments jouent en faveur de l'organisation patronale. Le premier est que le GICAM regroupe l'essentiel des grosses maisons ayant fait l'économie du Cameroun à l'époque coloniale. C'est donc un vivier des intérêts privés étrangers majoritairement français. Le gouvernement ne pouvait ignorer cet aspect.

L'autre facteur à considérer est que le GICAM d'alors est animé par « un personnel expatrié compétent » qui, concrètement, ne représentait aucun danger au plan politique[46]. Ces deux raisons pourraient suffire à faire comprendre pourquoi :« (...) les autorités avaient accepté le principe d'un pouvoir syndical patronal fort, regroupé au sein du GICAM »[47]. Ceci a permis à l'organisation patronale de mieux jouer son rôle.

2. Le GICAM au cœur du dialogue public-privé à l'ère du tout-Etat

Il convient de repréciser que dans le Cameroun qui accède à l'indépendance le 1er janvier 1960, tout est à refaire :« produire, vendre, bâtir, créer des emplois »[48]. Dans cet environnement qui donnait à « l'Etat davantage de poids d'initiative »[49], le GICAM s'était fixé pour objectifs :

- de trouver sa place dans une dialectique sphère de l'économie administrée/sphère d'initiative privée ;
- d'apporter sa contribution à la réflexion et à la mise en place des infrastructures et du cadre législatif et réglementaire des entreprises et des travailleurs ;
- de définir sa position par rapport aux grandes questions qui n'auront pas manqué de se poser au destin de

---

[46] *Ibid.*
[47] *Ibid.*, p.68.
[48] GICAM, *Livre d'or, op cit.*, p. 43.
[49] *Ibid.*

l'Etat camerounais et dont les conséquences touchaient peu ou prou la vie des entreprises et le statut des salariés[50].

Ces objectifs ont été progressivement atteints par l'organisation patronale. En effet, grâce au dynamisme de ses dirigeants, le GICAM a pu trouver et renforcer sa place entant que principal interlocuteur des intérêts privés auprès des pouvoirs publics[51]. Cela explique pourquoi l'organisation patronale avait, en 1969, décidé d'installer le secrétariat général à Yaoundé. C'était dans le but de faciliter les contacts avec les pouvoirs publics et les bailleurs de fonds.

De plus, le Comité interministériel élargi au secteur privé[52] avait grandement contribué au renforcement du dialogue avec le gouvernement. C. Millet témoigne d'ailleurs que ce comité « n'a pas été l'instrument le moins original et le moins efficace mis par les autorités à la disposition du GICAM pour simplifier l'accomplissement de sa tâche »[53]. En réalité, cette plateforme de dialogue à laquelle le GICAM a toujours participé a permis au groupement de donner son point de vue sur de nombreuses questions sensibles. J. Faure se souvient des débats à l'occasion d'une réunion dudit comité :« Je me souviens par exemple des vives discussions à propos de la CNPS, de la réévaluation des bilans, de la réforme fiscale, du VIe plan quinquennal, du téléphone ou

---

[50]*Ibid.*

[51] Dans le paragraphe précédent, il a été dit que le GICAM bénéficiait de deux atouts majeurs : le fait de regrouper l'essentiel des « grosses maisons » et le fait d'être doté d'un personnel expatrié compétent n'ayant aucun lien direct avec le pouvoir.

[52] Créé par le gouvernement, le Comité interministériel élargi au secteur privé était une plateforme de dialogue dans laquelle les responsables ou les représentants du secteur privé avaient l'occasion de rencontrer ceux de la haute administration afin de discuter, de débattre des questions relatives à l'économie et de trouver un consensus. Ce comité se réunissait une fois l'an, au mois d'octobre ou au mois de novembre. Nous y reviendrons dans les prochains développements.

[53] GICAM, *Livre d'or*, *op cit.*, p.29.

encore des problèmes des prix qui n'étaient pas libéralisés »[54].C'est dire que le Groupement participait au dialogue avec les autorités. Cela a eu un double avantage : pour le GICAM, d'une part le fait de participer régulièrement aux différentes réunions a permis de consolider « sa position d'interlocuteur reconnu et privilégié du secteur privé »[55]. D'autre part, grâce à l'apport du GICAM, certains problèmes ont pu trouver des solutions. Voici le témoignage de J. Faure :« (...) où le GICAM intervenait, nous obtenions des avancées, notamment pour la CNPS, les prix, la réévaluation des bilans, preuve s'il en était nécessaire que rien ne peut progresser sans concertation »[56]. A C. Millet de renchérir, « Bon nombre de problèmes ont pu être résolus pour différentes sociétés ou pour l'ensemble de l'appareil économique par la concertation au plus haut niveau »[57].

En outre, grâce à son expertise, l'organisation patronale était régulièrement consultée sur des questions techniques telles que : l'élaboration de la loi de finances, l'élaboration des textes réglementant la fiscalité. Ces quelques affirmations, bien qu'insuffisantes, permettent de démontrer que :« le GICAM n'a ménagé aucun effort pour proposer au gouvernement des mesures indispensables à l'instauration d'un climat de confiance devant soutenir la relance économique »[58].

Au total, à l'ère du tout-Etat, le GICAM s'est affirmé comme étant l'interlocuteur privilégié du secteur privé auprès de l'Etat. Cette situation devait à coup sûr s'améliorer dans la mesure où le Tout-Etat allait céder sa place au libéralisme.

---

[54] *Ibid.*
[55] *Ibid.*
[56] *Ibid.*
[57] *Ibid.*
[58] *Ibid.* p.43.

III- La faillite du tout-État et l'avènement du libéralisme : un rêve devenu réalité pour le GICAM ?

L'embellie qu'avait connue l'économie camerounaise n'a fait que long feu. Cette économie, qui nourrissait beaucoup d'espoir, a finalement déçu. L'avènement du libéralisme est la preuve que le modèle économique appliqué par le gouvernement présentait de nombreuses insuffisances. L'effondrement du tout-Etat représentait-il une chance que l'histoire offrait au GICAM, partisan inconditionnel du libéralisme ?

A- Le tout-Etat ne paye pas

Le tout-Etat ne porte généralement pas de fruits à long terme. En effet, lorsqu'en quittant le pouvoir en 1982, A. Ahidjo affirme que le Cameroun se porte bien, il n'avait pas tout à fait tort. En réalité, l'économie camerounaise, dans son ensemble, avait réalisé de bonnes performances. L'agriculture[59] d'abord et le pétrole ensuite se portaient bien. Le pétrole en particulier a, au milieu des années 70, été « au cœur de la croissance vertigineuse du pays entre 1978 et 1986 »[60]. A.L. Dikoumé, cité par S.L. Nnanga Mvomo, rappelle que « le pétrole représentait pendant les années fastes 17 % du PIB, 45 % des recettes budgétaires et 66 % des recettes d'exportation. De 1978 à1980, la contribution du

---

59 Serge Léonel Nnanga Mvomo explique que les rentes agricoles étaient performantes. Les exportations agricoles représentaient 55% des recettes du secteur rural. L'agriculture n'employait pas moins de 80% de la population. De 1985 à 1988, le Cameroun récolte 125 502 tonnes de cacao se classant ainsi au troisième rang des producteurs mondiaux derrière la Côte d'Ivoire et le Ghana. Il conclut son analyse en relevant que l'agriculture était le véritable levier de l'économie camerounaise. Serge Léonel Nnanga Mvomo, « Insécurité alimentaire et violence politique dans les pays dits " stables" : le Cas du Cameroun. 1988-2008 », mémoire de Master en histoire, UYI, 2010, p.23.

60 A.G. Zeufack, *Investissement Privé,op cit.*, p.49.

secteur pétrolier à la croissance totale est passée de 5 à 33 % »[61]. Si A. Ahidjo avait estimé que le pays se portait bien, c'était aussi grâce à « la gestion sage et prudente »[62] qui avait entouré la gestion des fonds liée à l'augmentation des ressources. En réalité, en 1978, un compte « hors budget »avait été créé par les autorités pour y affecter les deux tiers des recettes pétrolières[63]. Le Cameroun disposait donc d'importantes réserves.

Cependant, les bons points que présentait le Cameroun cachaient des failles profondes. En effet, en s'impliquant fortement dans la création des entreprises publiques, l'Etat s'était approprié les meilleures opportunités d'investissement dans la plupart des secteurs porteurs au détriment du secteur privé. Or, ces entreprises, pour la plupart, avaient été mal gérées. Parce que perçues comme les « symboles d'une indépendance économique »[64], celles-ci :

> N'avaient pour ce faire aucune obligation de performance et les subventions étaient automatiques. La nomination de leurs responsables répondait alors dans la majorité des cas non pas à une logique de compétence pour plus d'efficacité, mais plutôt à une logique de clientélisme politique ou tribal. Il n'est donc pas surprenant que ces managers, ne sentant aucune menace de sanction, aient cherché à satisfaire leurs propres intérêts. D'où leur gestion désastreuse[65].

L'existence de ces mastodontes constituait un véritable gouffre financier. En réalité, durant cette période, l'Etat consacre une part importante de ses dépenses au fonctionnement de ces entreprises budgétivores. Le tableau ci-après l'atteste :

---

[61] S.L. Nnanga Mvomo, « Insécurité alimentaire », *op cit.*, p.26.
[62] A.G. Zeufack, *Investissement privé,op cit.*, p. 49.
[63]*Ibid.* ces fonds étaient destinés à l'investissement public.
[64]*Ibid.*, p. 30.
[65]*Ibid.*, p.49.

Tableau 10 : Évolution de poste « subvention et transferts » et des dépenses « hors budget » (budget camerounais, en milliards de F CFA).

	1971	1979	1980	1981	1982	1985	1990	1991	1992
Subventions et transferts	4,2	20,6	25,1	35,6	45,2	124,5	40	38	45
Dépenses « hors budget »	/	/	24,2	113,6	133,5	147,6	/	/	/

Source : Banque Mondiale et FMI cités par Zeufack, *Investissement privé*, *op cit.*, p.101.

À partir de ce tableau, il apparaît précisément que les fonds alloués aux subventions et aux transferts triplent entre 1982 et 1985[66], c'est dire que le budget de fonctionnement était considérable. Or, de l'avis des experts, les dépenses de fonctionnement évitent le pire, mais ne préparent pas l'avenir. Justement, l'avenir était de plus en plus compromis par le comportement des fonctionnaires, principaux acteurs pendant le tout-Etat. En réalité, la gestion « sage et prudente »[67] qui semble avoir été la qualité de l'Etat jusqu'en 1982 avait cédé la place à une politique de dépenses folles facilitées par le peu de transparence qui entourait la gestion des recettes pétrolières. Une bonne partie de ces recettes était d'ailleurs placée dans des comptes « hors budget »[68]. Ces comptes, comme le rappelle A.G. Zeufack, avaient pour objectif de financer l'investissement public. Cependant, la suite des événements montre que la gestion de ces derniers a été désastreuse. La manne pétrolière avait réussi à incuber chez les responsables camerounais une véritable boulimie s'agissant des dépenses. La situation était telle que le Cameroun a bel et bien fini par être victime d'une redoutable maladie bien connue des milieux économiques : « le

[66]*Ibid.*, p.65.
[67]*Ibid.*
[68]*Ibid.*

Syndrome hollandais »[69]. Voici, pour s'en convaincre, l'analyse d'un expert :

> [...] y a-t-il eu « syndrome hollandais » au Cameroun ? [...] s'il y a eu « Dutchdisease », il ne peut s'être produit que par un « effet dépense », le secteur pétrolier étant considéré comme une enclave. Ainsi, on doit admettre que le Cameroun aurait progressivement abandonné sa politique d'épargne et de modestie financière au profit d'une politique de dépense et d'argent facile. Cette hypothèse semble corroborée par les faits, car à partir de 1983, les décaissements du compte hors budget se sont faits plus régulièrement pour financer des opérations d'infrastructures économiques et sociales (routes, immeubles ministériels, amphithéâtres à l'Université). Selon les estimations de la Banque Mondiale, environ 120 milliards de F CFA par an étaient en moyenne débloqués des comptes « hors-budget » entre 1983 et 1986.''L'effet dépense'' aurait alors transité par l'investissement public et la consommation privée[70].

L'auteur ne s'arrête pas là. Il avance une deuxième hypothèse, aussi pertinente que la première. Il écrit à cet effet que

> [...] la deuxième hypothèse est qu'en raison de l'absence de transparence dans la gestion de ce compte [compte '' hors budget''], une partie des réserves aurait été détournée, puis consacrée par ses bénéficiaires à des dépenses somptuaires dans le pays (Boom de la construction, par exemple) occasionnant ainsi l'augmentation des importations[71].

L'on a ainsi la preuve que la gestion calamiteuse des fonds publics par les usagers de l'Etat a été un facteur déterminant de l'effondrement de l'édifice camerounais. Étant donné que tout ou presque venait de l'Etat, appartenait à l'Etat et que, conformément à un adage bien connu :

---

[69] *Ibid.* L'auteur explique que cette maladie est dite « hollandaise » parce qu'elle fut diagnostiquée pour la première fois aux Pays-Bas. p.44.
[70] *Ibid.*, p. 50.
[71] *Ibid.*

« ebol'amukalaye, *esimabo* »[72], c'est-à-dire, le travail du Blanc ne finit pas, personne ne se préoccupait vraiment de l'intérêt de l'Etat, mais plutôt de son intérêt personnel, de son salaire. Le tout-Etat avait réussi à tuer l'esprit de l'intérêt général au sein de la population. L'autre facteur attestant des méfaits du tout-Etat au Cameroun réside dans le fait que l'Etat était entrepreneur et client.

En effet, l'Etat était un acteur fondamental dans la création des entreprises. A.G.Zeufack souligne qu'

> Au Cameroun, à travers la société Nationale d'Investissement (SNI) qui fait fonction de Holding, l'Etat détient le capital ou des participations au capital de plus de soixante entreprises. Il détient plus de 25 % du capital de quarante d'entre elles. Dans l'industrie manufacturière, les entreprises publiques et les sociétés d'économie mixte fournissent environ 40 % de la valeur ajoutée en 1986[73].

Ceci montre qu'à défaut de créer, l'Etat détient des parts importantes dans le capital des sociétés. Les choses auraient été meilleures si la gestion de ces entreprises obéissait aux critères de transparence et de compétitivité. Tout au contraire : « jusqu'à la fin des années 80, ces entreprises sont en général caractérisées par des investissements surdimensionnés, un personnel pléthorique et la poursuite des objectifs sociaux sans compensation financière directe de

---

[72]F. Kange Ewané, *Semence et moisson coloniales*, Yaoundé, Editions CLE, 1985, p.141. En réalité, cet adage tire son origine du fait que durant la colonisation, les Européens employaient servilement les Noirs dans leurs entreprises. Comme l'explique Kange Ewané, ils (les Noirs) n'avaient, dans ce contexte, aucune obligation de performance. Ils ne travaillaient nullement pour le bien de l'entreprise, mais pour satisfaire en premier et en priorité leurs besoins. Le départ des Blancs après l'indépendance a juste permis de transiter la même mentalité des entreprises européennes à l'Etat. C'est la raison pour laquelle, nous semble-t-il, les biens de l'Etat ont toujours été aussi vilipendés puisque l'on ne prend vraiment pas les biens de l'Etat comme des biens communs à préserver et à multiplier au bénéfice de l'intérêt général.

[73]*Ibid.*, p.100.

l'Etat »[74]. L'Etat entrepreneur était donc plus un obstacle qu'un atout.

Bien plus, l'Etat était aussi client. Au Cameroun, il constituait « le plus gros investisseur et le plus gros pourvoyeur de marchés. La dépendance financière des entreprises est grande »[75]. Cette position dominatrice de l'Etat mettait en grande difficulté les entreprises, puisque le payement de leurs prestations venait de leur principal pourvoyeur.

Celui-ci ne paye pas toujours à temps. Comme conséquence, la dette intérieure s'accumule. En 1990, les arriérés de payement vis-à-vis des entreprises s'élevaient à près de 300 milliards de F CFA[76].

Bien plus encore, le clientélisme empêchait gravement l'évolution de l'entreprise pendant le tout-Etat. C'est pourquoi, comme le dit M. Courcelle, « l'industrie moderne camerounaise est à majorité composée d'entreprises inadaptées à leur marché, dont les actionnaires font partie de la clientèle du pouvoir »[77]. Ce clientélisme s'étendait jusqu'à l'obtention du crédit par les entrepreneurs. De telles pratiques sont certainement nocives. L. le François l'a fort bien relevé :

> L'expérience montre que les interférences d'un Etat omniprésent dans la gestion des banques, dans leur pouvoir de décision, dans l'équilibre des règles de la concurrence, dans les délibérations des instances qui ont pour mission d'administrer et de veiller au respect des intérêts des actionnaires, comportent plus d'inconvénients que d'avantages[78].

---

[74] *Ibid.*

[75] *Ibid.*

[76] *Ibid.*

[77] M. Courcelle, *Le secteur Privé,op cit.*, p.36.

[78] Louis Le François, « Les banques commerciales en Afrique subsaharienne : origine-évolution-avenir », *Marchés Tropicaux*, n°2172 du 26 juin 1987, p.1696.

La conjugaison de ces différents éléments a entraîné la chute du tout-Etat. C'est à cause de cet effondrement que le Cameroun a connu la crise économique. Celle-ci a forcé le Cameroun à adopter une politique économique plus libérale. Ce revirement constituait-il une aubaine pour le GICAM ?

B- L'effondrement du tout-Etat et l'entrée du Cameroun dans l'ère du libéralisme

Au Cameroun, c'est le tout-Etat qui est responsable de la faillite. Et pour cause : la gestion calamiteuse des entreprises publiques, les malversations financières, le détournement abusif de fonds issus des comptes « hors budget », la mauvaise appréciation des problèmes économiques nationaux, l'omniprésence de l'Etat dans le secteur financier, sont autant de dérives qui ont facilité la chute du tout- Etat. La crise économique[79] qui frappe le Cameroun au début des années 80, précisément dès1986, a été une occasion rêvée pour les férus du libéralisme de faciliter l'entrée du Cameroun dans ce système. En effet, face à la crise, les quelques tentatives d'ajustement autonome se sont avérées insuffisantes[80] .La situation économique du pays ne s'est pas améliorée. Aussi l'Etat camerounais s'est-il finalement rendu compte que le recours aux institutions de *Bretton Woods* était la solution immédiate la plus plausible. Or, le FMI et la

---

[79] La crise économique qu'a connue le Cameroun a déjà été largement étudiée. Les auteurs tels que J.J.Aerts, P. Kamé Bouopda, Touna Mama, Jean Ngandjeu, y ont consacré de nombreuses pages. Notre objectif ici c'est de relever que la crise a conduit le pays à revoir le rôle de l'Etat dans la vie économique au Cameroun.

[80] Le président Biya avait annoncé des « mesures draconiennes » pour la réduction du train de vie de l'Etat. La lutte contre le « gaspillage » consiste dès lors à réduire : les dépenses de téléphone, d'eau et d'électricité, les subventions aux entreprises publiques et parapubliques, l'approvisionnement en carburant, le parc automobile de l'Etat, les effectifs dans les missions diplomatiques, *Marchés Tropicaux*, du 26 juin 1987, p. 1744.

Banque mondiale, véritables « propagateurs actifs de la mondialisation », ne pouvaient proposer autre chose que le libéralisme, le capitalisme, dont la caractéristique principale est la puissance du secteur privé aux côtés duquel se trouve un Etat observateur, régulateur, facilitateur. Ce n'est donc pas surprenant que les PAS (Programmes d'ajustement structurel) appliqués au Cameroun soient inspirés du « consensus de Washington ». Nnanga Nvomo explique à ce sujet que

> C'est ainsi que fut désigné le diagnostic posé par les institutions de Bretton Woods, en particulier sur les économies africaines, qui rendaient l'Etat, par son poids jugé exorbitant, responsable de la crise. Ainsi, pour ces institutions, la sortie de crise passait inéluctablement par la mise à l'écart de l'Etat ou sinon, la réduction de son emprise sur l'économie[81].

En réalité, le tout-Etat avait accumulé de graves erreurs que nous avons entre autres relevées : omniprésence de l'Etat dans la vie économique, entreprises publiques budgétivores, contrôle du secteur privé, etc. L'objectif des PAS était de corriger ces erreurs afin de permettre au secteur privé de s'épanouir[82]. Il était désormais question de passer du tout-Etat au moins d'Etat. Une simple observation des mesures d'ajustement structurel nous le fera comprendre :

[81] S. L. Nnanga Mvomo, « Insécurité alimentaire »,*op cit.*, p.35.
[82] A. G. Zeufack, *Investissement privé*,*op cit.*, p.13.

Tableau 11 : Mesures d'ajustement structurel.

Programme	Définition	Exemple
Mesures de réduction des dépenses	Mesures visant à restreindre la demande (ressources internes). On cherche à améliorer la balance commerciale en réduisant la demande d'importations	Plafond du crédit, abaissement de la réduction de la masse monétaire, diminution du déficit du secteur public, contrôle des salaires, mesures générales pour restreindre le revenu réel
Mesures de réaffectation des dépenses	Mesures visant à déplacer les ressources productives, main-d'œuvre et capital du secteur des biens non commercialisables à celui des biens commercialisables d'une part et de la consommation aux investissements d'autre part. Peuvent impliquer des mesures de reconversion commerciale et industrielle, de formation de la main-d'œuvre aussi affectée, etc.	Manipulation des prix relatifs des biens non commercialisables, ce qui a pour effet de détourner les capitaux au profit de ces derniers. Dévaluation du taux de change, subventions, subventions aux exportations, contrôle des importations, etc.
Réformes institutionnelles et politiques	Mesures de réformes orientées vers le marché et extravertie, censées accélérer le développement en accroissant l'efficacité générale de l'économie. Améliorer les incitations et la capacité de la production à réagir aux tendances du marché en stimulant l'épargne, les	Libéralisation du commerce, réduction du rôle de l'Etat dans l'économie, réforme fiscale, privatisation, libéralisation des marchés financiers, etc. (Décourager les investissements non rentables, promouvoir l'adoption de techniques de production

	investissements et les exportations (typique des mesures de la Banque mondiale)	modernes, etc.)

Source :J. Fisette et M. Salmi, « Le désengagement de l'Etat en Afrique et les initiatives locales », *Cahiers de Géographie du Québec*, Vol.35, 1991, p.354.

En observant ce train de mesures, on peut tirer deux leçons essentielles : d'abord, les PAS exigeaient des contrôles rigoureux et une restriction des dépenses liées au fonctionnement de l'État. Puis, il s'agissait de négliger les biens non commercialisables au profit des biens commercialisables. Ceci devait permettre aux exportations de croître grâce aux subventions dans ce secteur. C'est ici qu'intervient, comme on peut le constater dans le tableau, la dévaluation :

> Devenue l'un des instruments majeurs des politiques d'ajustement en Afrique [...], la dévaluation, explique Zeufack, à condition qu'elle induise une baisse du taux de change effectif réel (TCER), devrait encourager la production des biens échangeables et accroître les exportations[83].

C'est dire que théoriquement, la dévaluation devait booster les exportations au détriment des produits importés devenus plus coûteux en monnaie locale. Enfin, l'Etat devait se désengager des activités qui pouvaient être prises en charge par le secteur privé[84]. C'est dire que la philosophie des Programmes d'ajustement structurel, telle que prônée par le consensus de Washington, c'est le retrait de l'Etat dans la vie économique, c'est de passer du tout-Etat au moins Etat à travers les réformes fiscales, les privatisations, la libéralisation des marchés financiers, etc. Le vent de

---

[83] A.G. Zeufack, *Investissement privé,op cit.*, p. 29.

[84] M. Courcelle, *Le secteur privé,op cit.*, p. 41.

l'ajustement structurel a donc soufflé un peu partout en Afrique. M. Lobe Ewane en retrace le contexte :

> Un peu partout, la dénationalisation est à l'ordre du jour. On fait le procès du secteur public à Dakar comme à Lusaka, à Lagos comme à Brasilia, à Alger comme à Calcuta. De nombreux Etats du tiers-monde, notamment d'Afrique, lourdement endettés et bien souvent tenus à soutenir financièrement des entreprises publiques défaillantes, affirment la nécessité de se dégager de ces contraintes économiques et, parallèlement, d'encourager l'expansion du secteur privé[85].

Tout ceci a donc profondément affaibli l'Etat en Afrique en général et au Cameroun en particulier dans la mesure où : « la mise en œuvre des réformes radicales du régime d'intervention de l'Etat est devenue une condition nécessaire à l'octroi des ressources financières indispensables pour couvrir le déficit budgétaire »[86]. L'avènement de ce nouveau contexte plutôt pro libéral n'a pas été une panacée pour le secteur privé en général et pour le GICAM en particulier.

C- L'avènement du libéralisme au Cameroun : une aubaine pour le GICAM ?

L'avènement des PAS et donc du libéralisme au Cameroun n'a pas été totalement bénéfique pour les membres du GICAM. En effet, on peut y déceler des points positifs et négatifs.

Quant aux points positifs, soulignons que les PAS avaient privilégié les privatisations. Or, la privatisation : « vise le passage d'un mode de gestion public, qui a montré ses limites, à un mode de gestion privé, censé être plus efficace »[87], c'est-à-dire que grâce à la privatisation, le

[85] M. Lobe Ewane, « Privatisation, la fièvre gagne l'Afrique », *Cameroon tribune*, n°3640 du mercredi 6 août 1986, p. 21.
[86] P. Jacquemont, « La désétatisation en Afrique subsaharienne : enjeux et perspectives », *Revue du Tiers Monde*, n°114, avril-juin 1988.
[87] A.G. Zeufack, *Investissement privé,op cit.*, p. 69.

secteur privé a désormais accès à des domaines de la vie économique jadis contrôlés par l'Etat. R. Sadi le souligne ainsi qu'il suit :

> Dès 1982, avec le renouveau dont l'un des fondements est la libéralisation de l'économie, l'État intègre qu'il ne doit plus être l'acteur central, mais le régulateur de l'économie. Mais la crise et l'ajustement structurel précipitent son désengagement de nombre de secteurs, même où il ne l'avait pas forcément souhaité. Mais dans ces périodes difficiles se construit un secteur privé dynamique, qui participe aux côtés des pouvoirs publics à la remontée de la pente[88].

C'est dire que le secteur privé a désormais sa place dans la construction économique du Cameroun. En effet, si hier le secteur privé était plus toléré qu'encouragé, aujourd'hui il est reconnu comme une composante essentielle du système économique camerounais. M. Abéga, le souligne fort bien :

> Le Cameroun [...] évolue aujourd'hui dans un contexte idéologique où les mythes du tout marché ou du tout-Etat doivent laisser la place à un mix optimal entre le marché et l'interventionnisme étatique. Nous sommes heureux de savoir que l'ensemble des acteurs, c'est-à-dire le Gouvernement, le secteur privé, les partenaires au développement et même la société civile ont désormais pris conscience de l'importance du rôle que chaque segment doit jouer dans le processus de développement[89].

Cette reconnaissance a renforcé la position du GICAM. La preuve, et c'est R. Sadi qui le souligne de nouveau :

> « [...] il faut par exemple dire que l'organisation patronale, le GICAM, est membre de nombreux comités et commissions de l'Etat pour y défendre les intérêts du secteur privé[...] d'autre part, il ne vous échappe pas qu'à chaque voyage à l'étranger pour défendre les intérêts économiques du Cameroun, le chef de l'Etat

---

[88] Interview de R. Sadi, *Conjoncture économique*, n°006, p. 12.

[89] Interview de M. Abéga, ancien secrétaire exécutif du GICAM, *Conjoncture économique*, n°006, p. 31.

se fait accompagner de certains responsables d'organisations privées[90].

Ensuite, les PAS ont contraint l'Etat à éponger progressivement sa dette intérieure. Les entreprises ont pu obtenir le paiement de leur dette. Enfin, l'avènement du libéralisme a permis de renforcer le dialogue qui existait déjà entre le secteur privé et l'Etat. Nous y reviendrons dans le chapitre suivant. Tels sont les bienfaits que le libéralisme a apportés. Quid des effets négatifs ?

La désétatisation n'a pas fait que résoudre un problème. Elle a créé de multiples autres. En effet, le retrait de l'Etat dans certains secteurs a laissé un grand vide qui a été comblé par le secteur informel. Or, l'avènement du secteur informel ne réjouissait pas tous les acteurs de la vie économique. En réalité, si grâce aux activités informelles, une frange importante de la population évite la précarité absolue, il n'en demeure pas moins vrai que ce secteur constitue un plomb dans l'aile des entreprises légales. C. Maitre Henry l'a fort bien mentionné :

> [...] la volonté annoncée de libéralisation rapide de toutes les branches de l'économie a rapidement conduit à une modification et parfois à une destruction des relations traditionnelles de l'Etat avec ses administrés. Par exemple, à côté d'un secteur économique dit ''légal'', continuant d'obéir à des contraintes fiscales légales et commerciales régulières, intervint un ''secteur informel'' (dont les faibles charges permettaient un développement rapide) qui venait concurrencer le premier d'une manière brutale[91].

La concurrence brutale de ce secteur témoigne de l'affaiblissement de l'Etat, car, ainsi que le souligne S. L. Nnanga Mvomo, « au niveau économique, le secteur informel participe pour plus de 80 % à la création des emplois et pour plus de 50 % à la formation du PIB. Ce qui revient à dire que l'Etat ne peut donc agir que sur une moitié

---

[90]*Ibid.*, p. 13.
[91]GICAM, *Livre d'or,op cit.*, p. 21.

de son économie »[92]. On comprend donc pourquoi les chefs d'entreprise formelle redoutent tant la fiscalité. En effet, suivant une étude réalisée en 2007par le GICAM sur les facteurs qui freinent l'investissement privé, la pression fiscale occupe le premier rang avec près de 60 % d'avis l'incriminant. Cela se justifie dans la mesure où, au Cameroun, à peine 1 % des entreprises (les grandes entreprises) fait 69 % du chiffre d'affaires des entreprises formelles[93]. Ces dernières supportent la plus forte pression fiscale. Cette inégalité est amèrement vécue par les membres du GICAM.

Bien plus, l'affaiblissement de l'Etat ne signifiait pas la fin des mauvaises habitudes qui, comme on le sait, ont souvent la peau dure. En effet, le désengagement de l'Etat n'a pas mis un terme à la bureaucratie excessive, à l'hostilité du fonctionnaire vis-à-vis de l'entrepreneur. Bien au contraire, l'administration est demeurée tatillonne. Suivant les données du GICAM, les formalités administratives, ce que d'aucuns appellent les « tracasseries administratives », constituent l'une des cinq entraves les plus sérieuses à l'amélioration du climat des affaires. Pour s'en faire une idée, voici le témoignage d'André Siaka. A la question de savoir quels conseils il donnerait si certains investisseurs ambitionnent de s'installer au Cameroun, A. Siaka répond :

> Venir au Cameroun le plus tôt possible, parce que je crois que les meilleures places se prennent lorsqu'il n'y a pas de bousculade. Venir en sachant que ce sera difficile. Il est vrai que pour avoir un rendez-vous avec un Ministre cela sera difficile. Il ne faut pas le cacher, ce sera difficile[94].

Comme on peut le constater, l'ancien président du GICAM utilise le mot « difficile » à trois reprises. La vérité

---

[92] S. L. Nnanga Mvomo, « Insécurité alimentaire », *op cit.*, p. 45.
[93]Entretien avec le Pr Roger Tsafack Nanfosso à l'Université de Yaoundé I, le 10 juillet 2011.
[94]Interview avec André Siaka, p. 3.

c'est que faire les affaires au Cameroun, malgré le libéralisme, est difficile. L'un des obstacles majeurs reste et demeure l'administration. Ce n'est pas dire que l'Etat doit disparaître, loin s'en faut, ce n'est qu'une question de volonté. Aussi A. Siaka poursuit-il en soulignant que

> [...] dans la mouvance où nous sommes, très honnêtement, il faut encore peu de choses pour assainir le système. Parce que les problèmes existants ne sont pas les problèmes qui demandent de l'argent pour être réglés. Améliorer le climat des affaires, ce n'est pas une question d'argent : c'est une question de volonté. La volonté d'y aller[95].

Il apparait que l'Etat et les entrepreneurs, malgré les ententes occasionnelles, ne regardent pas toujours dans la même direction[96].

En outre, la corruption est venue s'ajouter au joug déjà pesant que portent les entrepreneurs au Cameroun. En effet, la corruption constitue, suivant l'étude menée par le GICAM en 2007, la deuxième plus grande entrave au développement du secteur privé. En effet, en voulant desserrer les écrous conformément aux exigences des bailleurs de fonds, le pouvoir en place a ouvert bien des vannes[97]. Le contexte qui s'en est suivi a donné lieu à la gabegie et à l'enracinement de la corruption. La corruption qui s'est installée au Cameroun depuis la libéralisation a pris de graves allures. En 1999 et en 2000,le Cameroun faisait partie des Nations les plus corrompues au monde. Voici le témoignage de Mr Sandjo, 56 ans, entrepreneur dans une société opérant dans les travaux publics à Garoua. En fait, les circonstances de son témoignage méritent d'être relevées. Nous étions dans une agence de transport et devions rejoindre Garoua quittant de

---

[95] *Ibid.*

[96] Il serait intéressant de suivre de bout en bout le passage à l'émission Actualités Hebdo de M. Olivier Behlé, Ancien président du GICAM, pour se rendre compte de cette réalité.

[97] Nous empruntons cette expression à M. Courcelle.

Ngaoundéré. Dans la salle d'attente, assis sur un canapé, à côté duquel se trouvait un banquier, une discussion éclate. Le banquier affirme que les entrepreneurs camerounais sont riches. Ce qui est intéressant, c'est la réponse que lui fit M. Sandjo. Voici ses dires :

> Mon frère [sic], lorsque tu entends qu'un entrepreneur a gagné un marché de 50 millions, ce qui lui revient, en définitive, c'est environ 10 millions et parfois moins. Voilà comment ça se passe. Mon partenaire avec qui je travaille avait gagné un marché pour la réfection des bâtiments administratifs ici à Garoua. Le montant du marché était de 30 millions. Pour honorer à ses engagements, il a dû investir ses fonds propres pour livrer la commande. Après que la livraison a été effectuée, la réception validée, les formalités administratives remplies, il fallait passer au trésor. C'est là où le plus dur a commencé. Au premier rendez-vous avec le TPG [sic] il nous a fait comprendre que les liquidités n'étaient pas disponibles. Nous avons multiplié au moins 05 rendez-vous. La vérité c'est que mon partenaire avait décidé de ne pas céder. Cependant, 03 mois après, alors que la pression des employés devenait forte, nous sommes repartis voir le TPG. D'un ton ferme, il nous a dit : ''mais Monsieur Sandjo, vous croyez que je vous paierai 30 millions pour vos beaux yeux ? ''. L'instant qui a suivi, ''un gros poisson'' [sic] est entré. C'était un entrepreneur venant de Maroua. Sa facture s'élevait à 27 millions. Celui-ci a offert 20 % au TPG. Il a été payé sur le fait. Se retournant vers nous, deux quarts d'heure après, le TPG nous fit savoir que : ''je renverrais bien votre dossier à Yaoundé. Vous me perdez du temps d'ailleurs, les liquidités sont finies ! ''. Pris de panique et de découragement, mon partenaire a offert 20 % au TPG. Ce n'est que le lendemain que nous avons pu toucher[98].

La réalité qu'a vécue cet entrepreneur n'est pas méconnue du milieu des affaires. C'est devenu une norme. Le GICAM et les entreprises qu'elles représentent le vivent difficilement[99]. Il est courant que le fonctionnaire harcèle

---

[98]Témoignage de M. Sandjo recueilli dans une agence de voyages, 10 avril 2011 à Ngaoundéré.

[99] E. Oum souligne qu'une enquête réalisée en 2006 pour le compte de *Transparency International Cameroon* révèle que les entreprises privées camerounaises consacrent près de 10% du montant de leurs chiffres

littéralement l'entrepreneur pour le moindre service. Madame Naomi, secrétaire dans une entreprise spécialisée dans la construction, la Société des Travaux de Construction, en fait régulièrement l'expérience. Nous avons été témoin, à ses côtés, d'un acte de corruption. Au final, elle nous a confié que : « nous qui travaillons dans le privé, pour gagner un marché, il faut corrompre. La corruption à mon avis ne s'arrêtera pas. Elle fait malheureusement partie intégrante du système »[100]. Beaucoup d'autres entrepreneurs ont connu la même expérience. M. Tewfik qu'on ne présente presque plus dans la ville de Garoua parce que spécialisé dans la réfection des routes nous a confié qu'à Garoua, « lorsque le Sous-préfet venait s'enquérir de l'avancée des travaux dans mes différents chantiers, il ne rentrait pas chez lui avec moins d'un million de francs qu'on lui versait... »[101]. La corruption a donc des effets négatifs.

Enfin, la libéralisation n'a pas produit les effets attendus. L'application des PAS était censée redynamiser le secteur privé. Certes, selon M. Abéga, on compte au Cameroun environ 94000 unités de production. Cependant, la réalité est que beaucoup d'entreprises ferment à peine créées. L'investissement privé ne progresse pas. Le graphique ci-après le montre :

d'affaires aux versements non officiels. E. Oum « Le partenariat public-privé dans la lutte contre la corruption et le renforcement de l'économie au regard du programme de promotion de la bonne gouvernance : le cas du Cameroun », *CAFRAD*, Tanger-Maroc, 10-12 mai 2010, p. 3.

[100]Entretien avec Naomi, le 22 décembre 2013 à Garoua.

[101] Entretien avec M. Tewfick, le 29 juin 2011 à Garoua.

Graphique 7 :Évolution des taux d'investissement réels au Cameroun (1970-1992).

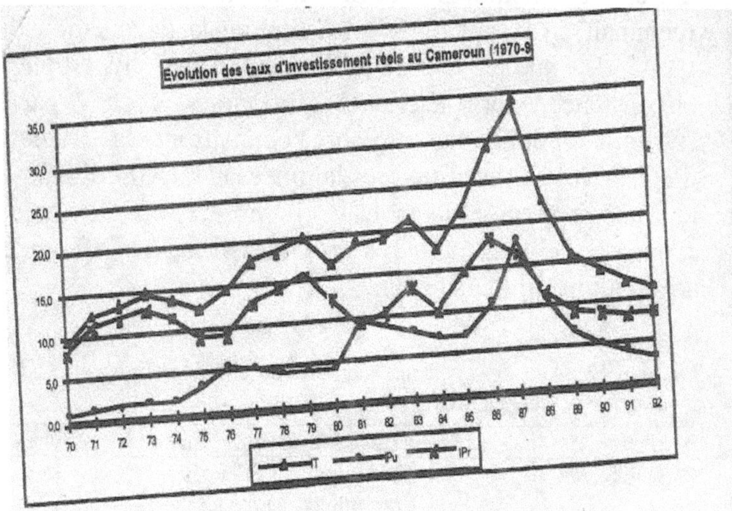

Source : A. G. Zeufack, *Investissement privé*, *op cit.*, p.80.

<u>**NB**</u> **: IT=** Investissement total. IPu : Investissement public. IPr : Investissement privé.

Une observation du graphique montre, suivant l'analyse de l'auteur, que l'investissement privé a connu deux périodes fastes au Cameroun. Il y a d'abord la période qui va de 1976 à 1979 etqui correspond au boom des activités pétrolières. Ensuite, il ya celle qui va de 1984 à 1986 correspondant à l'investissement public. Depuis 1986, cependant, « l'investissement privé a baissé continuellement au Cameroun »[102]. Cette baisse est due à de nombreux facteurs, les principaux étant la corruption et les charges fiscales. Toujours dans le même ordre d'idées, la dévaluation, quand bien même elle avait permis au pays de rétablir ses équilibres

[102] A. G. Zeufack, *Investissement Privé*, *op cit.*, p. 80.

macro-économiques[103], avait fait plus de mal que de bien aux entreprises membres du GICAM. A. Siaka lui-même le reconnaît en disant que : « le choc de la dévaluation du F CFA de janvier 1994, loin d'être une hyperbole de circonstance, aura accru les difficultés vécues par les entreprises dont bon nombre connaîtront la fermeture, d'autres voyant leurs marges laminées »[104]. Afin d'avoir une idée assez précise, le tableau ci-après recense les avis de certains syndicats membres du GICAM sur les effets de la dévaluation sur leurs activités.

Tableau 12 : Avis des syndicats membres du GICAM sur les effets de la dévaluation sur leurs activités.

Syndicats	**Effet de la dévaluation sur les activités**
SYNDUSTRICAM	-Réduction des effectifs -Importantes séquelles
SCIEC	-Concurrence déloyale infligée par le secteur informel -Certaines branches sont toujours en situation de survie
USPAC	-Globalement bénéfique malgré le renchérissement des intrants
AGROCOM	-Elle a amélioré la compétitivité
GITAF-CAM	-Effet globalement positif
ASAC	-Reprises des exportations -Renchérissement des sinistres -Compression des effectifs
APECCAM	-Pertes significatives -Modernisation des établissements financiers
AGRP	-Augmentation du prix des médicaments -Les membres éprouvent toujours des difficultés.
ACCONIERS	- Le prix du matériel a doublé - La concurrence s'est installée

Source : GICAM, *Livre d'or*, *op cit.*, tableau élaboré par nous-mêmes à partir des informations tirées du *Livre d'or* du GICAM, pp.83-130.

[103] S. L. Nnanga Mvomo, « Insécurité alimentaire », *op cit.*, p. 41.
[104] GICAM, *Livre d'or*, *op cit.*, p. 43.

Une observation de ce tableau permet de voir que les syndicats qui opèrent uniquement dans l'exportation ont assez bien vécu la dévaluation. Tandis que ceux qui importent pour produire ont durement ressenti le phénomène.

Au total, pendant le tout-Etat, le GICAM, grâce à son expertise, a contribué à défendre les intérêts de ses membres et a collaboré avec l'Etat sur des questions importantes. Cependant, l'avènement du libéralisme consécutif à la chute du tout-Etat n'a pas totalement été une aubaine. Si, d'une part le secteur privé a été pris en compte et le GICAM reconnu comme acteur principal dans la défense des intérêts privés, il n'en demeure pas moins que d'autre part le libéralisme a provoqué de nombreux effets négatifs : l'enracinement de la corruption et l'apparition du secteur informel. Le GICAM avait dès lors du pain sur la planche. Heureusement, le dynamisme de ses hommes a permis à l'organisation patronale de se restructurer et de se lancer sur la voie du progrès. Cependant, le contexte a changé depuis les PAS. En effet, le Cameroun retrouve peu à peu les chemins de la croissance. Le pays ambitionne même d'être à l'horizon 2035 un pays émergent. Cela pose incontestablement de nouveaux défis au GICAM ce d'autant plus qu'à côté de l'émergence, d'autres défis subsistent : la question des APE par exemple. La question est donc celle de savoir : quelles sont les forces et les faiblesses du GICAM face à l'enjeu majeur que représente le développement économique et social du Cameroun ?

CHAPITRE IV :

LES FORCES ET LES FAIBLESSES DU GICAM

Le Cameroun foisonne d'organisations patronales. Et toutes ces organisations, laïques ou confessionnelles, ont pour *leitmotiv* l'amélioration du climat des affaires, la croissance des entreprises et par voie de conséquence le développement du Cameroun. Ce souci des organisations patronales semble d'autant plus renforcé dans la mesure où depuis 2010, le Cameroun a renoué avec la planification : le pays compte à l'horizon 2035 inscrire son nom parmi les nations émergentes. Ce nouvel objectif suppose la conjugaison des efforts de tous les acteurs y compris les organisations patronales. Dans cette logique, quel rôle joue le GICAM ?

L'objectif de ce chapitre est de montrer, d'une part, les forces ou les atouts dont le GICAM dispose qui permettent de se rendre compte de son action dans le développement économique et social du Cameroun. D'autre part il s'attarde aussi sur les insuffisances de cette organisation patronale afin d'en esquisser quelques perspectives.

I- Les forces du GICAM

De toutes les organisations patronales qui existent au Cameroun, le GICAM constitue celle qui dispose de plus d'atouts. Son ancienneté, sa crédibilité, son assise nationale et internationale, sa force de proposition, son partenariat avec les pouvoirs publics, son action en faveur des travailleurs, sa contribution à la lutte contre le commerce illicite, sa loi morale, permettent de le prouver au regard des résultats obtenus.

A- Le GICAM, l'organisation patronale la plus ancienne du Cameroun[1]

Le GICAM est, sans l'ombre d'aucun doute, l'organisation patronale la plus ancienne du Cameroun. En Effet, le GICAM naît à Douala en 1957, trois ans avant l'indépendance du Cameroun français. Depuis ce temps, l'organisation patronale exerce au Cameroun. Cela lui confère une longue expérience en matière de défense des intérêts du secteur privé. En 1997 par exemple, l'organisation patronale célébrait déjà sa 40e année d'existence. Voici les propos d'A. Siaka à ce sujet :

> 40 ans déjà que le GICAM prenait son envol, pratiquement avec les premières heures du processus ayant conduit à l'indépendance de l'Etat du Cameroun. Mission bien difficile au demeurant, mais tout à l'honneur des pères fondateurs que de concrétiser leur volonté de regrouper les entreprises dans un contexte où tout était à construire notamment dans un secteur économique national alors embryonnaire[2].

---

[1] D'aucuns ont tendance à mettre le GICAM dans le même panier que les syndicats. Or, le GICAM **est** bel et bien une organisation patronale. Il ne peut avoir les mêmes méthodes qu'un syndicat. L'ancienneté du GICAM se justifie donc dans ce sens que c'est une organisation patronale.

[2]GICAM, *Livre d'or,op cit.*, p. 42.

Cette déclaration permet d'apprécier le fait que le GICAM existe depuis l'époque où tout était à faire au Cameroun. L'ancienneté du GICAM est donc un gage de confiance, de crédibilité, d'assurance en matière de défense des intérêts privés.

B- Le GICAM est une organisation patronale crédible

La crédibilité du GICAM peut s'appréhender à deux niveaux : une crédibilité de fait et une crédibilité acquise. En effet, la crédibilité du GICAM repose tout d'abord sur la qualité des membres qui adhèrent à sa naissance en 1957. Ce sont, pour la plupart, des « grosses maisons »[3]. Le GICAM réunit, dès sa naissance, plus de membres que le SYNDUSTRICAM né sept ans plus tôt. De plus, le GICAM constitue alors le vivier des intérêts étrangers en général et français en particulier. Son personnel, essentiellement composé d'expatriés, est compétent. La qualité de ses membres pousse les pouvoirs publics à collaborer avec cette organisation patronale. Depuis le premier régime au Cameroun, le GICAM a toujours été un acteur important dans la défense des intérêts privés et même d'une façon générale, dans l'étude de la conjoncture économique nationale. Tels sont les quelques éléments qui justifient sa crédibilité de fait[4].

Nonobstant ce facteur favorable, le GICAM a dû acquérir de nouveau sa crédibilité après les dures années de crise économique au Cameroun. En effet, si la crise avait permis l'avènement du libéralisme, l'organisation patronale a beaucoup souffert, en revanche, durant cette période : le départ de certains membres, l'apparition du secteur informel, les anciens statuts devenaient obsolètes. Il a fallu une profonde mutation pour que l'organisation patronale

---

[3] Voir chapitre 1 &2.

[4] Voir chapitre II.

conquière de nouveau son prestige. Au cœur de ce redéploiement se trouve incontestablement A. Siaka. Il a, en 15 ans, construit un immeuble siège, érigé un centre d'arbitrage qui est une instance de règlement des conflits et litiges d'affaires, mis sur pied un centre de formation. Aujourd'hui, la crédibilité du GICAM dans l'univers des organisations patronales au Cameroun est irréfutable. La preuve : le centre d'arbitrage fonctionne et tranche des litiges d'affaires, de nombreuses structures y font recours[5]. Le GICAM est membre de plusieurs conseils d'administration d'établissements publics assurant des missions de service public : Fonds routiers, Agence de régulation de l'électricité, Agence de régulation des marchés publics, Caisse nationale de prévoyance sociale, etc[6]. L'avis du GICAM compte pour l'élaboration des lois de finances, il participe aux discussions entre le gouvernement et les missions conjointes FMI/Banque mondiale /BAD[7]. Son immeuble siège sert de cadre de rencontre lors des diverses discussions avec les membres du gouvernement, les bailleurs de fonds et même à l'occasion des séminaires, des dîners-débats[8], etc. Cette crédibilité du GICAM contribue à renforcer son audience internationale.

---

[5] Voir Chapitre II.

[6] P. Siki, « Le GICAM aime l'entreprise et les entrepreneurs », *Conjoncture économique, op cit.*, p.29.

[7] *Ibid.*

[8] C'est le cas, par exemple, de l'échange entre l'Etat, le secteur privé et les bailleurs de fonds autour du DSCE à Douala le 20 octobre 2010. *Le Bulletin du GICAM* n° 48, décembre 2010, pp.2-6.

C - La crédibilité du GICAM s'étend au niveau international

Le GICAM a ses racines au Cameroun, mais ses branches vont bien au-delà du triangle national. Tout ceci ne peut que renforcer sa crédibilité et son potentiel en tant qu'élément accélérateur du développement économique et social du Cameroun. La façon dont le GICAM a géré les années difficiles (crise économique, PAS, dévaluation du franc CFA, etc.) a contribué à renforcer son audience au niveau local et au niveau international. Ce n'est d'ailleurs pas le fait du hasard si Messieurs J.L. Sarbibet A. Ouattara respectivement vice-président de la Banque mondiale région Afrique et directeur général adjoint au FMI, ont effectué des visites au GICAM en octobre 1996 pour le premier et janvier 1997 pour le second[9]. Cela a indubitablement renforcé le rôle du GICAM dans la mesure où ces deux visites témoignaient de « cette reconnaissance par les bailleurs de fonds de ce que le secteur privé est désormais l'une des cartes majeures à jouer dans la croissance et l'emploi »[10]. De plus, R. Laheuguère souligne que

> Le GICAM a toujours entretenu de bonnes relations avec les partenaires économiques des pays amis. Je citerais principalement la Coopération française, la Caisse française de développement et le Poste d'expansion économique, l'US AID, et les services commerciaux des ambassades d'Allemagne, de Belgique et de Suisse. Le GICAM a reçu des délégations économiques de différents pays de France, (ministres, députés, CIAN) et d'Allemagne (Maire de Hambourg et Afrika-Verein).[...] le GICAM a été, je l'espère, un interlocuteur crédible pour les représentants des organisations internationales telles que : la Banque Mondiale, le PNUD ou l'ONU ; même si nous n'étions pas toujours d'accord avec leur approche technocratique des problèmes économiques et sociaux du pays[11].

---

[9]GICAM, *Livre d'or*, *op cit.*, p. 44.
[10]*Ibid.*
[11]*Ibid.*, p. 39.

Ce témoignage est la preuve de la vitalité et de la crédibilité dont a toujours joui le GICAM à l'échelle internationale. Toujours dans la même perspective, il convient de faire remarquer que le GICAM entretient une coopération exemplaire avec les organisations internationales telles que : l'OIT, le BIT, l'OIE, etc. On comprend alors pourquoi A. Siaka était présent, le 05 juin 1996, à la 83e session de la conférence internationale du travail à Genève ;session au cours de laquelle il prononça un discours devant ses pairs de l'Organisation internationale des employeurs (OIE) en marge des travaux de ladite session[12].

En 2001, plus précisément le 19 février, une délégation de sénateurs français, membres du groupe d'amitié France-Afrique centrale, venue au Cameroun sous l'invitation des députés camerounais, a tenu une rencontre avec le GICAM . En effet, M. J. Pelletier a tenu à faire savoir que la rencontre d'avec le secteur privé avait pour objectif de recueillir le point de vue de celui-ci sur le développement économique du Cameroun. A. Siaka, alors président de la structure, « s'est félicité du dialogue grandissant entre le secteur privé et les différentes administrations, qui de plus en plus associent le GICAM à la plupart des projets d'ordre économique et voient par là une reconnaissance par l'Etat du rôle moteur du secteur privé »[13]. On peut encore citer, à titre d'exemple, le partenariat entre le GICAM, la SFI et l'OIT. Ce partenariat s'observe à travers l'organisation des séminaires et diverses études servant à améliorer l'entrepreneuriat. C'est le cas de l'organisation du 21 au 26 juillet à Yaoundé et du 04 au 09 août 2008 à Douala de deux séminaires ateliers portant sur le thème : « Entrepreneuriat, amélioration de la performance et accès au financement ». En réalité, le GICAM et l'OIT, dans une approche conjointe, avaient pour objectif de :

---

[12] Lire l'intégralité de ce discours dans *le Livre d'or* du GICAM, *op cit.*, pp. 53-54.

[13] *Le Bulletin du GICAM*, n°16, mars 2001, p.4.

> Donner aux femmes chefs d'entreprise désireuses de moderniser leur système de management l'information pertinente sur l'état de performance de leurs entreprises et de les accompagner dans la construction d'un plan de développement et de croissance de l'entreprise en vue d'une éventuelle demande de financement[14].

Ce programme ne se limitait pas aux seules femmes. Il s'étendait aussi aux jeunes. La collecte des données relatives à ces programmes lancés par le GICAM a vu l'approbation de 80 entreprises membres et non membres du GICAM. Relevons encore qu'en 2009, le 25 mai précisément, le siège du GICAM a abrité une rencontre entre le SYNDUSTRICAM et une délégation conjointe Banque mondiale, IFC-BAD-MINEPAT[15]. De la plume de M. Assiene, on apprend que « Cette rencontre était une étape des consultations que les Bailleurs de fonds mènent avec le gouvernement, les parlementaires, le secteur privé et la société civile dans le cadre de la préparation de la stratégie du pays pour la période de 2010à 2014 ».

Au cours de la même année, du 02 au 19 juin, O. Behlé prenait part à la 98e conférence internationale du travail dont le thème était : « Crise, Emploi et protection sociale ». C'est sans compter le fait qu'O. Behlé a été porté à la tête de l'UNIPACE(Union du patronat d'Afrique centrale), en 2008 avec M. Abéga comme secrétaire général. Ces quelques exemples triés sur le volet montrent à suffisance l'assise internationale du GICAM. Les bailleurs de fonds n'effectuent aucune visite d'envergure au Cameroun sans avoir une séance de travail avec le GICAM. Le plus souvent, ce sont des rencontres tripartites (bailleurs de fonds-GICAM-Gouvernement.).

---

[14]*Le Bulletin du GICAM,* n°43, juin 2009, p.24.
[15]*Ibid.*

D- Le GICAM est une force de proposition

Il convient de préciser que le GICAM est à l'origine un organisme d'études. Ses missions essentielles sont :« la représentation et la défense de l'entreprise d'une part, la conduite d'études et analyses de toutes les questions d'ordre économique et social intéressant les entreprises, d'autre part »[16]. Cela voudrait dire que la défense de l'entreprise ne se fait pas par un mouvement de grève comme dans un syndicat ordinaire. Elle se fait par l'accompagnement des entreprises, la conduite d'études et des analyses d'où sortiront des perspectives, des propositions. Lesquelles propositions, si elles sont prises en compte, devraient permettre : le développement de l'entreprise, l'amélioration d'un climat des affaires propice à l'éclosion d'un secteur privé fort. M. Abéga le dit encore mieux : à la question de savoir si le GICAM recherche la seule croissance du privé ou la croissance économique du pays, il répond :

> (...) pour le GICAM, il n'y a pas de démarcation étanche entre le développement du secteur privé et celui du pays. (...) c'est pourquoi le GICAM pense que l'essor économique et social du pays est tributaire de l'avènement d'un secteur privé fort, dynamique, prospère et créateur d'abondantes richesses[17].

Telle est la mission que poursuit l'action du GICAM. Voilà pourquoi le Groupement est une force de proposition. Après cette brève mise au point, intéressons-nous à présent à quelques problèmes qui ont nécessité une prise de position de l'organisation patronale.

Il y a en premier l'épineux problème de la fiscalité au Cameroun. Rappelons déjà qu'en 1957, le GICAM et quelques organisations sœurs dénonçaient ce qu'ils avaient appelé « l'impôt en cascade ». Aujourd'hui, plus de cinquante ans après, le problème s'est aggravé. De « l'impôt

---

[16]GICAM, *Livre d'or,op cit.*, p. 67.

[17] Interview de M. Abéga, *Conjoncture économique*, *op cit.*, p. 31.

cascade », l'on est passé à une imposition inégale et au harcèlement des opérateurs économiques. La question est plus grave dans la mesure où l'apparition du secteur informel fait peser tout le poids de la fiscalité sur le secteur formel. Que pense et surtout que propose le GICAM face à cette situation ?

Pour le GICAM, la question de l'impôt doit être vue sur deux aspects. D'une part, l'impôt permet à l'Etat de remplir ses fonctions régaliennes et de financer les infrastructures (écoles, hôpitaux, routes, ponts, etc.). D'autre part, il ne faut pas que l'impôt soit trop lourd pour tuer l'initiative et empêcher le développement de l'entreprise. Le problème est qu'au Cameroun : « Le secteur informel est immense par rapport au secteur formel. Il n'ya pas suffisamment de gens qui paient à la mesure de leurs revenus : ceux qui sont visibles paient plus que ce qu'ils devraient par rapport au développement de leurs activités »[18]. Or, « Le principe de l'impôt, poursuit-il, c'est que chacun doit être capable de payer en fonction de ses capacités contributives »[19].Cette situation peu encourageante, pose des problèmes d'équité, de justice, de concurrence déloyale et de compétitivité[20]. Face à ce problème, le GICAM propose l'élargissement de l'assiette fiscale. En quoi l'élargissement de l'assiette fiscale constitue-t-il une solution ? M. Delouvrier, expert et ancien de la Banque Lazard (France) intervenant au dîner-débat organisé par le GICAM, répond :

> (...)Si en l'espèce cette technique n'est pas une panacée, elle apparaît cependant et sans conteste comme la réponse la plus pertinente, la plus efficace, la plus consensuelle et la plus durable pour satisfaire les besoins de l'Etat en termes de ressources. C'est

---

[18] O. Behlé, interview télédiffusée dans le cadre de l'émission Actualités Hebdo du 21 février 2010.

[19] *Ibid.*

[20] H. Yotcha, « Synthèse du dîner-débat sur la loi de finances 2011 », *Le Bulletin du GICAM*, n°49, mars 2010, P.19.

en cela que l'élargissement de l'assiette fiscale figure au rang des grandes tendances mondiales en matière de réformes fiscales[21].

Le Cameroun, dans cette perspective, gagnerait plus dans la mesure où « il existe un important gisement d'entrepreneurs... ». En définitive, conclut l'auteur :

> Les entreprises du secteur formel se sentiraient moins lésées du fait de la fiscalisation du développement. Mais pour qu'il en soit ainsi, il y a une condition majeure à savoir le soutien et l'accompagnement par l'Etat du secteur informel, lequel verrait également ses ressources augmenter[22].

Suivant cet expert invité, l'élargissement de l'assiette fiscale aura pour avantage d'accroître les revenus de l'Etat grâce à l'encadrement du secteur informel. Il aidera aussi à rétablir l'équité, la justice, la compétitivité, la concurrence et le développement du pays.

Il convient en outre de souligner que si le GICAM a dû gagner une pause fiscale de 1996 à 2005, le combat sur le terrain fiscal demeure ardu ; le principal obstacle étant les fonctionnaires chargés du recouvrement de l'impôt au Cameroun[23]. Il existerait une piste de sortie dans le partenariat entre le GICAM et l'administration fiscale. Pour l'heure, les rencontres se multiplient, des propositions sont faites, des requêtes sont présentées par les membres du GICAM, le dialogue se poursuit.

La question de la fiscalité n'est pas la seule qui intéresse le GICAM, il ya aussi la problématique de la croissance du secteur privé au Cameroun.

En effet, un constat se dégage : malgré la libéralisation de l'économie issue de l'application plus ou moins réussie des PAS, le secteur privé peine à prendre véritablement son

---

[21] *Ibid.*

[22] *Ibid.*

[23] L. C. Atemengue, « Histoire générale de la Direction Générale des Impôts », mémoire de Master en histoire, UYI, 2011.

envol. Il est difficile d'affirmer que ce secteur joue un rôle important dans la réduction du chômage. Qu'est-ce qui peut expliquer ce faible impact du secteur privé ? Pour M. Abéga, si les performances du secteur privé sont encore loin d'être optimales, c'est en raison des fortes contraintes auxquelles il doit faire face. En réalité, le dynamisme et l'esprit d'entreprise des Camerounais sont avérés. Cependant, la faute est incontestablement à l'environnement national des affaires[24]. En effet, la situation demeure ainsi parce que toutes les mesures prises quant à la croissance du secteur privé n'ont pas été concrétisées. Le Document de stratégie de réduction de la pauvreté (DSRP), qui pourtant se proposait de renforcer le secteur privé, n'a pas empêché que la pauvreté se répande. Au regard de cette situation, le GICAM propose ce qui suit :

> Pour que notre économie puisse atteindre une croissance forte et soutenue, nous devons procéder à une réforme radicale des mentalités. Cela se concrétiserait notamment par l'installation de l'entreprise au cœur de la stratégie nationale de développement. En d'autres termes, il faut faciliter la création rapide des entreprises qui créeront de la richesse via la création des biens et des services, la distribution des revenus et le règlement des impôts qui permettent à l'Etat d'assumer ses missions régaliennes[25].

En plus de ces mesures, le GICAM propose de parier sur la formation des jeunes, de réduire les coûts qui freinent la compétitivité, de tabler sur un volontarisme politique pour adopter une stratégie industrielle commune afin de rendre l'ensemble des pays de la CEEAC compétitifs[26]. Telles sont les quelques pistes que le GICAM propose pour soutenir l'économie par le biais de la croissance du secteur privé. Le problème est que ces propositions sont généralement considérées par le personnel administratif comme des

---

[24] Interview de M. Abéga, *Conjoncture économique*, *op cit.*, pp. 30-31.

[25] M. Abéga, « Soutenir la croissance des entreprises pour l'avènement d'une croissance durable », *le Bulletin du GICAM*, mars 2008, n°38, p.12.

[26] *Ibid.*

refrains claironnés par « une caste de riches qui ne pensent qu'à gagner plus »[27].

L'autre question au plan national qui n'a pas échappé au GICAM, parce que concerné au premier chef, c'est bel et bien la question de l'émergence du Cameroun à l'horizon 2035. En effet, c'est en 2010 que le Cameroun se fixe pour objectif d'être un pays émergent à l'horizon 2035. Il convient de rappeler qu'en formulant le vœu d'être un pays émergent, le Cameroun renouait ainsi avec la planification. Rappelons que jusqu'en 1985: « l'Etat qui était le principal entrepreneur, s'appuyait sur des plans quinquennaux comme cadre de référence du développement économique à court et à moyen terme »[28]. Cependant, il y a eu la crise économique, les PAS, la dévaluation et même l'IPPTE. Si toutes ces mesures n'ont pas facilité l'accélération de la croissance économique, elles ont néanmoins permis au Cameroun de retrouver la stabilité, l'équilibre macro-économique. C'est fort de cette stabilité retrouvée que le pays renoue avec un mode de gestion fondé sur le long terme. C'est dans cette perspective que

> S'inspirant des autres pays et dans le but de renforcer la reprise économique de manière durable, souligne L.P. Motazé, notre pays s'est doté d'une vision prospective, préalable à toute stratégie nationale de développement à long terme, dans le but d'inscrire à nouveau ses politiques de développement dans une perspective plus large et plus globale[29].

Cette nouvelle vision du développement repose sur des objectifs précis que L.P. Motazé décline en quatre axes à savoir :

— réduire la pauvreté à un niveau socialement acceptable ;

---

[27] *Ibid.*
[28] Interview de Louis Paul Motazé, *Conjoncture économique*, *op cit.*, p.33.
[29] *Ibid.*

— atteindre le stade de pays à revenu intermédiaire ;
— devenir un nouveau pays industrialisé ;
— consolider le processus démocratique et renforcer l'unité nationale[30].

L'atteinte de ces objectifs passe par le respect d'une feuille de route dont le DSCE constitue la première étape. En effet, la première phase de la vision contenue dans le DSCE s'étend sur dix ans, de 2010 à 2020. Cette période doit être marquée par « l'accélération de la croissance et la création des emplois décents »[31]. Pour avoir quelques données chiffrées, relevons que le DSCE prévoit de :

— porter la croissance à 5,5 % par an entre 2010 et 2020 ;
— ramener le sous-emploi de 75,8 % à moins de 50 % en 2020, avec la création de dizaines de milliers d'emplois formels par an dans les dix prochaines années ;
— ramener le taux de pauvreté monétaire de 39,9 % à 28,7 % en 2020 ;
— réaliser l'ensemble des OMD à l'horizon 2020.

Au regard de ces objectifs suffisamment ambitieux, l'opinion publique est divisée. D'une part, ceux qui estiment que ces objectifs sont réalisables. D'autre part, ceux qui pensent que tout ceci relève de l'utopie. Au milieu de ce débat, le GICAM se range du côté des optimistes. L'organisation patronale propose que le point de départ soit la culture du leadership. En effet, sans la culture du leadership : « ni la bonne exposition géographique, ni la profusion des richesses, ni le potentiel humain ne suffisent à créer l'émergence »[32]. Ce qu'il faut, c'est que dans chaque sphère de la société (politique, sociale, culturelle, privée, etc.) :« naisse et soit entretenu un esprit élitiste non pas de

---

[30] *Ibid.*
[31] *Ibid.*
[32] O. Behlé, « Leadership et émergence », *Le Bulletin du GICAM* n°49, mars 2010, p.1.

manière discriminatoire, mais de manière englobante de sorte que notre société tout entière soit familière avec le concept de progrès »[33]. Si chacun est un leader dans son domaine et si le concept de progrès nous est familier, alors l'émergence deviendra possible.

Un autre thème crucial est celui du rôle de l'Etat dans la vie économique. Qui de l'Etat ou de l'entreprise doit être au centre de l'économie au Cameroun ? Quelle est la proposition du GICAM vis-à-vis de ce débat ? Rappelons que, depuis son accession à l'indépendance, le Cameroun a fait le choix d'adopter une politique économique centrée sur l'investissement public. L'Etat est alors, l'*Alpha* et L'*Oméga*. Malheureusement, « cet Etat prédateur »[34]s'est révélé être un obstacle pour le développement économique et social du Cameroun. La preuve est que la crise a fait chuter son revenu et l'ajustement structurel a eu des conséquences sociales négatives importantes. Le libéralisme imposé par les institutions de Bretton Woods avait donc pour objectif de « tout sauver »[35] là où l'entreprise publique avait raté. Le nouveau contexte devrait donc nécessairement influencer la position de l'Etat au regard des précédents résultats. Vis-à-vis de cette situation, le GICAM pense que l'Etat ne peut plus tout faire comme par le passé. Celui-ci n'a plus les moyens nécessaires pour investir tout seul dans tous les secteurs au détriment du secteur privé. C'est la raison pour laquelle, le GICAM propose que l'Etat mène « une démarche efficace, volontariste et sélective sur des secteurs où il est à même d'optimiser ses capacités réelles d'action de manière à avoir des conséquences positives sur le développement »[36].

---

[33] *Ibid.*

[34] Jean-Luc Camilleri, *La petite entreprise Africaine. Mort ou résurrection* ? Paris, L'Harmattan, 1996, p. 48.

[35] *Ibid.* p. 49.

[36] André Siaka, « Pour la prospérité des entreprises, la nécessité d'un Etat facilitateur », GICAM, *Livre d'or*, *op cit.*, p. 149.

Ce « mieux-Etat » suppose aussi la promotion de la bonne gouvernance[37], c'est-à-dire : « lutter contre la corruption, traquer les gaspillages de toute nature des ressources publiques, veiller à la transparence dans la gestion publique »[38]. Ces mesures ont pour effet de gagner la confiance du peuple et d'être crédibles vis-à-vis des bailleurs de fonds. Un tel environnement doit amener l'Etat à associer les autres acteurs (secteur privé et société civile). Ils sont, en réalité, les principaux bénéficiaires de l'action de l'Etat. Ils ne pourront qu'être productifs[39].

De ces développements, on retient que pour le GICAM, « l'Etat n'est pas et ne saurait être voué aux gémonies. Il peut même, sous certaines conditions de gestion, être durablement le catalyseur du développement économique et de l'éradication de la pauvreté »[40]. Le GICAM est pour un mix optimal entre l'Etat et l'entreprise. Le premier doit créer le cadre et le second doit bénéficier du cadre créé par celui-ci. Les deux sont indissociables. Ils ont des rôles différents et permanents[41].

L'on aura donc compris que le GICAM, dans le souci de défendre les intérêts de ses membres et de faciliter le développement économique du pays, fait constamment des propositions sur des questions importantes. Nous avons ainsi relevé les cas de la fiscalité, de la croissance du secteur privé, de l'émergence du Cameroun et du rôle de l'Etat dans

---

[37] « La gouvernance est un terme qui exprime le comportement d'un Etat qui assure l'entretien des infrastructures et la formation des hommes, qui veille à l'application de la loi et à la transparence de l'administration, bref qui se montre incorruptible et capable de gérer efficacement les affaires publiques », J.L. Camilleri, *La petite entreprise africaine*, *op cit.*, p. 48.

[38] A. Siaka, « Pour la prospérité des entreprises », *op cit.*, p. 151.

[39] *Ibid.*

[40] *Ibid.*, p. 142.

[41] Disons qu'il y a une lueur d'espoir, car dans la vision 2035, l'Etat a bien redéfini son rôle : « un Etat stratège et pragmatique ». Si les mesures énoncées sont respectées, alors l'avenir est prometteur. *Just wait and see.*

l'économie. A côté des questions nationales, il ya celles internationales. Celles-ci intéressent le GICAM parce qu'elles influencent l'économie nationale. Dans la présente étude, nous avons choisi deux cas en particulier : la problématique des APE (Accords de partenariat économique) et la crise financière et économique de 2008 en raison de leur importance.

S'il ya un thème qui cristallise l'attention des opérateurs économiques au Cameroun ces dernières années, il ne fait aucun doute que les APE occupent une place non négligeable. En effet, pour la majorité des opérateurs économiques, les APE signifient la suppression des droits de douane et des mesures non tarifaires. Il s'agira de subir la redoutable concurrence des produits européens plus compétitifs. Cette situation inquiète le GICAM. C'est pourquoi l'organisation patronale est sceptique vis-à-vis de ces accords. Un sondage mené auprès des entreprises membres du GICAM sur les possibles effets des APE montre d'ailleurs, pour la majorité d'entre elles, que la production locale serait concurrencée et que la suppression des barrières douanières les rendrait peu compétitives[42]. De plus, les pertes que pourraient engendrer la suppression des droits de douane et le démantèlement tarifaire entraîneraient la mort des entreprises dans la mesure où l'Etat serait amené à alourdir la fiscalité[43]. Les secteurs clés de l'économie camerounaise seraient alors menacés comme en témoigne ce tableau :

---

42 M. Abéga, « Accords de partenariat économique : impasse où blocage ? », http://www. legicam.org, consulté le 20 septembre 2010 à 10 heures, p.1.

43 *Ibid.*

Tableau 13 : Impact de l'APE dans les secteurs clés de l'économie du Cameroun.

Secteurs et branches clés	**Impact net positif**	**Impact net négatif**	**Impact net mitigé ou nul**
Agriculture vivrière		Céréales	Féculents légumineuses, légumes, etc.
Agriculture pour l'exportation	Café, cacao, thé, caoutchouc, coton, huile de palme		
Elevage		Volaille	Bovins, caprins, porcins, etc.
Pêche		Poissons	
Exploitation forestière et industrie du bois	Grumes, placages, bois sciés		Meubles et ouvrages de menuiserie
Industries agroalimentaires	Beurre de cacao	Boissons, jus de fruit, tabac, pâtes alimentaires, Farine de froment Aliments pour bébé	Chocolat, Confiseries
Industries textiles et confection		Fil, tissus, articles de bonneterie, serviettes,vêtements	
Industries métallurgiques de base	Aluminium brut, ouvrages en aluminium		
Electricité, Gaz, Eau	Electricité,Gaz,Eau		
Transports, entrepôts et communication	Oui		
Services	Oui		

***Source*:**Pricewater house Coopers (2007), p.15. Cité par Raymond Ebalé, *Les Accords de Partenariat Economique (APE),* Yaoundé, litchasonic formation, 2012, p.78.

Il ressort, à l'observation de ce tableau, que les matières premières généralement exportées se porteront plutôt bien alors que l'industrie agroalimentaire et l'industrie textile auront de sérieuses difficultés certainement à cause de la concurrence des produits européens. L'autre source d'inquiétude pour le GICAM concerne la question relative aux règles d'origines. En effet, pour l'organisation patronale, les règles d'origines sont une manœuvre de l'UE qui voudrait protéger son marché intérieur et ouvrir celui des ACP en général et de l'Afrique centrale en particulier. M. Abéga écrit précisément à ce sujet que

> Si les règles d'origines que l'Union européenne veut imposer à l'Afrique centrale sont adoubées en l'état par les responsables politiques de l'Afrique Centrale, l'industrialisation que l'on dit nécessaire pour la croissance et la lutte contre la pauvreté sera reléguée au rayon des rêves[44].

Au regard de ces enjeux, le GICAM a une vision qui s'inscrit aux plans national et sous régional pour faire face aux APE.

Au plan national, le GICAM propose que les entreprises soient remises à niveau pour affronter la concurrence. Cela passe par des réformes au niveau des politiques macro-économiques, sociales et environnementales, administratives et judiciaires. L'organisation patronale insiste sur l'amélioration de l'environnement des affaires et la mise en place d'un cadre incitatif[45]. Il est donc, dans ce cas précis, nécessaire que les pouvoirs publics et le secteur privé regardent dans la même direction[46]. En effet, il serait désavantageux pour les entreprises d'avoir des pouvoirs publics pressés de signer des accords en raison des multiples pressions extérieures. A la place, ceux-ci feraient mieux de

---

[44] M. Abéga, « L'APE et les enjeux du développement », *Le Bulletin du GICAM*, n°40, septembre 2008, p.10.
[45] M. Abéga, « APE, impasse », *op cit.*, p.3.
[46] *Ibid.*

prendre le temps d'écouter le secteur privé afin d'aboutir à un consensus. La conséquence serait alors l'établissement d'un partenariat *win-win* au plan national et international. C'est dans cet esprit que le GICAM avait proposé, par exemple, la mise en place d'un comité interministériel consacré aux APE.

Au plan sous régional, le GICAM pense que la prévention de l'effet néfaste des APE passe par le renforcement des infrastructures de base. L'objectif de ce renforcement étant la réduction des coûts de production et la vérification du démantèlement tarifaire, cela aura des conséquences positives sur les prix des produits sur le marché en faveur des consommateurs[47]. De plus, le GICAM souhaite que les mesures suivantes soient prises au niveau sous régional :

— la formation des personnels des services sanitaires et phytosanitaires ;

— l'encadrement des producteurs ruraux et des industries naissantes ;

— le renforcement des capacités de contrôle de la qualité des produits ;

— la mise en place d'un système de normalisation et de certification des produits ;

— la mise en place des mécanismes qui favorisent la compétition équitable ;

— la construction d'infrastructures structurantes de communication régionales pour faciliter la circulation des marchandises et renforcer le commerce régional[48].

L'application de ces mesures pourrait avoir des effets bénéfiques pour l'ensemble des acteurs économiques y compris l'Etat. Venons-en à la crise financière et économique de 2008.

---

[47] *Ibid.*, p.10.
[48] *Ibid.*

Née « du mode de croissance américain »[49], la crise financière qui s'est muée en crise économique en raison de ses effets sur les marchés financiers, les banques et les institutions financières, les crédits et les investissements, l'activité et l'emploi, s'est fait sentir au Cameroun au cours du second semestre 2008[50]. Il ne pouvait d'ailleurs en être autrement en raison de la forte dépendance de la croissance de notre économie de l'extérieur. C'est dans cette perspective que le GICAM a tiré la sonnette d'alarme. En effet, l'organisation patronale a d'abord fait une analyse des secteurs sinistrés par la crise. Ensuite, ellea fait des prévisions sur l'impact de cette crise à court, à moyen et à long terme. Enfin, elle a fait des propositions afin de permettre à l'Etat d'engager les réformes nécessaires pour que tous les intérêts soient sauvegardés et que la cohésion sociale soit maintenue. Nous avons répertorié dans un tableau les secteurs ayant été touchés par la crise ainsi que les prévisions sur l'impact que la crise aurait sur ces différents secteurs.

---

[49] Touna Mama et R. Tsafack Nanfosso, « La crise financière internationale et ses conséquences sur les économies africaines », African Economic Research consortium senior Policy seminar XI, Lusaka, Zambia, (06 -08 April 2009),http://www.Tounamama.com, p.5. Consulté le 5mai 2011 à 11 heures.

[50] « Impact de la crise financière et économique sur le Cameroun », http://www.legicam.org, consulté le 10 Mars 2011 à 14 heures, p.2.

Tableau 14 : Secteurs sinistrés par la crise et impact prévisionnel.

Secteurs sinistrés	**Période de chute de la production**	**Taux de régression**	**Impact prévisionnel**
La forêt	2e semestre 2008	09,9 % pour les bois bruts et 10,6 % pour les bois débités	Baisse de 35 % des bois débités
Le pétrole brut	2e semestre 2008- mars 2009	///	La baisse des cours du pétrole à 40 dollars US impacterait les finances publiques et le budget d'investissement
Le coton	2008	47,3 % en quantité et 44,2 % en valeur	Effondrement de la production
Le caoutchouc brut	2008	24, 3 % en deux ans	///
L'aluminium	2008	Diminution des exportations de 5,6 %	L'extension d'aluminium aurait un impact négatif sur les sous-traitants
La banane	2009	Recul de 13,6 %	///
Le cacao/ café	1er semestre 2009	Recul de 25 % par rapport à 2008	///

Source : Tableau élaboré par nous-mêmes à partir des analyses contenues dans « Impact de la crise financière et économique sur le Cameroun » http:// www. legicam. org, pp.2-3. Consulté le 10 mars 2011 à 14 heures.

Une observation du tableau[51] permet de constater qu'en 2008-2009, l'activité économique a ralenti dans plusieurs secteurs. La chute observée dans le secteur forestier est due à la baisse de la demande des logements qui a entrainé la baisse de la demande en bois. Le bois débité connait ainsi une baisse de 10,6 %. Les prévisions font état d'une baisse de 35 %. Dans le secteur pétrolier, la chute du prix du baril impacterait les finances publiques puisque le pétrole constitue le premier produit d'exportation au Cameroun.

Le coton, lui, connaît de nombreux problèmes en 2008 : la crise économique en a entraîné la chute de la consommation mondiale. De plus, le retrait de la Chine du marché a eu un impact négatif. La conséquence a été la contraction des cours ; ajoutée à cela la baisse de la production nationale consécutive à l'augmentation des prix des intrants agricoles. Voilà pourquoi le coton chute de 47, 3 % en quantité et 44,2 % en valeur.

La chute du caoutchouc brut résulte elle aussi de la contraction de la consommation mondiale. Pour ce qui est de l'aluminium, la baisse des cours a entrainé la chute des exportations et donc des recettes. Les exportations des tôles ont donc diminué en 2008. Dans la filière banane, on note un recul de la production de 13,6 % malgré que ce secteur bénéficie encore du traitement préférentiel sur le marché européen en 2008.

Dans la filière cacao/café enfin, on note un recul des exportations de 25 % en 2009. A côté de ces différents secteurs, la crise a également touché les Investissements directs étrangers (IDE), le commerce et les services au Cameroun. En effet, il était prévisible que la récession économique en Europe ait un impact négatif sur l'Aide

---

[51] Les commentaires de ce tableau sont largement inspirés de l'analyse du GICAM sur « Impact de la crise financière et économique sur le Cameroun ».

publique au développement (APD). De plus, le GICAM signalait déjà le ralentissement des financements des grands projets :

> Le projet Géovic international pour l'exploitation des mines de cobalt tourne au ralenti ; le projet Cam iron de valorisation du fer de Mbalam et pour lequel la construction d'une ligne de chemin de fer de 450 km était prévue et le projet Hydromine d'un coût de F CFA 3 000 milliards pour la relance des activités de recherche de la bauxite sur les sites de Mini-Martap et Ngaoundal, sont suspendus[52].

Le commerce et les services n'ont pas été épargnés par la crise. Le tableau ci-après l'atteste.

Tableau 15 : Impact de la crise sur les commerces et les services.

Commerces et services	**Période de chute**	**Taux de régression**
Véhicules neufs	1er semestre 2009	Diminution des ventes de 22,1 % par rapport à 2008
Transport de marchandises	2009	13,9 % en deux ans
Port autonome de Douala	1er semestre 2009	Diminution des exportations de 20,3 %

Source : Tableau conçu par nous-mêmes à partir des analyses contenues dans « Impact de la crise financière et économique », *op cit.*,p.4.

Ce tableau montre également que la crise a eu un impact dans le secteur du commerce et des services. Face à cette situation, le GICAM, en coalition avec le monde des affaires, a immédiatement fait des propositions afin de faire face à la crise. Les deux tableaux suivants recensent les propositions à court, moyen et long terme faites par l'organisation patronale.

[52] « Impact de la crise financière et économique »,*op cit.* p.4.

Tableau 16 : Les onze propositions du GICAM pour faire face à la crise financière de 2008 à court terme[53].

Numéro de la proposition	**Libellé de la proposition**
Proposition n°1	Etablir le diagnostic des secteurs sinistrés et trouver des mesures de soutien
Proposition n°2	Réduire les coûts des facteurs de production
Proposition n°3	Réaliser les projets structurants
Proposition n°4	Alléger les procédures et le coût de création des entreprises
Proposition n°5	Rendre les incitations fiscales effectives
Proposition n°6	Promouvoir et soutenir les PME
Proposition n°7	Renforcer l'intermédiation financière
Proposition n°8	Lutter efficacement contre le commerce illicite
Proposition n°9	Améliorer la gouvernance publique
Proposition n°10	Accentuer la formation
Proposition n°11	Rendre le dialogue public-privé efficace

Source :« Impact de la crise financière »,*op cit.*,p.7.

À côté de ces mesures à court terme, l'organisation patronale a également fait des propositions à moyen et long terme.

Tableau 17 :Les trois propositions du GICAM pour faire face à la crise financière de 2008 à moyen et long terme.

Numéro de la proposition	**Libellé de la proposition**
Proposition n°1	Soutenir les PME
Proposition n°2	Développer la gouvernance publique
Proposition n°3	Accélérer l'intégration régionale

Source : « Impact de la crise financière », *op cit.*,p.8.

[53] Les mesures indiquées dans ce tableau sont détaillées dans l'analyse du GICAM.

Le GICAM conclut cette analyse ainsi qu'il suit :

> La mise en œuvre de ces mesures (ne nécessitant pas forcément de grands moyens financiers) exige une réelle volonté politique qui doit se traduire par un appui ferme de la plus haute autorité de l'Etat. Ce serait alors une preuve forte que le gouvernement veut faire de la croissance économique sa priorité[54].

Cette conclusion permet de comprendre que l'organisation patronale fait des propositions afin que la plus haute autorité de l'Etat fasse preuve de pragmatisme et de volonté politique pour que tous les acteurs intervenant dans la chaîne économique puissent en tirer avantage. Dans cette logique, il apparaît de façon évidente que le GICAM ne saurait, dans la quête permanente du bien-être de ses membres et du pays tout entier, se placer dans une logique de confrontation avec les pouvoirs publics, mais plutôt dans une logique de partenariat. Vu sous cet angle, le partenariat avec les pouvoirs publics s'avère stratégique puisque le GICAM« n'est pas une caisse de résonance »[55].

E- Le GICAM est un partenaire des pouvoirs publics

Le dictionnaire *Le Petit Larousse Illustré* définit les partenaires sociaux comme des « représentants du patronat et des syndicats d'une branche professionnelle, considérés en tant que partie dans des négociations, des accords »[56]. Cette définition sied au type de partenariat que le GICAM entretient depuis de longues dates avec les pouvoirs publics au Cameroun. Dans le souci de défendre les intérêts de ses membres et de se positionner entant qu'élément moteur de la croissance économique au Cameroun, l'organisation patronale a toujours été enthousiaste lorsqu'il s'est agi de dialoguer avec les pouvoirs publics. Mais ce dialogue a

---

[54] « Impact de la crise financière », *op cit.*, p.8.

[55] Interview de P. Ayangma Amang, http://www.*lesAfriques*.com du 10-12-2008, consulté le 9 Novembre 2011, à 10 heures, p.1.

[56] *Le petit Larousse illustré*, Paris, Larousse, 2001, p. 750.

toujours été fait dans un environnement difficile. En réalité, il convient de rappeler que pendant le tout-Etat, le GICAM évoluait dans un contexte où l'entreprise était plus tolérée qu'encouragée. C'est grâce aux atouts de cette organisation patronale que le pouvoir central avait accepté l'existence d'un syndicat patronal fort : le GICAM.L'avènement du libéralisme consécutif à l'affaiblissement du tout-Etat n'a pas véritablement changé les habitudes. C'est à peine si le pouvoir prend en compte les doléances du secteur privé : le climat des affaires ne s'améliore pas, le Cameroun continue à occuper le bas du classement dans le *Doing Business* (en 2010, le Cameroun occupe le 173e rang sur 183 pays suivant le classement de la Banque mondiale), les investissements directs étrangers ne se bousculent pas à ses portes, la pression fiscale reste énorme pour les entreprises légales, il n'y a pas de recrutement massif dans les entreprises, etc. Un tel environnement a contribué à faire prospérer l'image d'un secteur privé vindicatif, face à un Etat qui ne se montre pas particulièrement dynamique vis-à-vis des réformes souhaitées. Cela a aussi installé la suspicion entre le secteur privé et l'Etat. Cependant, le GICAM est toujours enclin au dialogue, pourquoi ?

Deux raisons pourraient l'expliquer : la foi en l'avenir et la permanence des rôles entre les deux entités que sont l'Etat et l'entreprise. En effet, le contexte qui prévaut ne saurait décourager l'organisation patronale parce qu'elle a foi en l'avenir. O. Behlé l'explique ainsi qu'il suit : « l'avenir dure longtemps et parce que l'avenir dure longtemps, il ne faut jamais se décourager »[57]. De plus, le GICAM croit en la formule du progrès qui consiste non pas à se borner à dire que ça va mal, mais à dire où ça va mal et comment faire pour résoudre ces problèmes[58]. C'est grâce à cette foi en

[57] Interview de O. Behlé à Actualités Hebdo, émission du 21 février 2010.
[58] *Ibid.*

l'avenir et à cette formule du progrès que le GICAM ne peut céder au découragement.

Bien plus, la permanence des rôles entre l'Etat et l'entreprise fait que pour le GICAM, la rupture, malgré le contexte difficile, n'est pas envisageable. Laissons de nouveau le soin à O. Behlé de l'expliquer :

> Le rôle de l'Etat est un rôle permanent. Le rôle de l'entreprise est aussi un rôle permanent. La permanence des rôles fait qu'une stratégie de la chaise vide n'est pas envisageable. La rupture du dialogue n'a aucun sens ni pour une partie ni pour l'autre. La confrontation n'est pas nécessaire, la coopération est indispensable. Les rôles sont différents, les objectifs sont communs. La communauté des objectifs fait qu'il ne peut y avoir de rupture, mais le dialogue[59].

En réalité, le GICAM a pour objectif d'amener l'Etat à collaborer par rapport à ses objectifs[60] quelque soit le contexte. Les écrits de N. Pinaud l'attestent :

> Le secteur privé cherche en général à obtenir de l'État qu'il mette en place un environnement d'affaires, des régulations et des politiques publiques favorables au développement de ses activités(transparence, sécurité, prévisibilité, développement des infrastructures, etc.) et qu'il soit en mesure de les appliquer. Rares sont donc les cas de figure dans lesquels le secteur privé peut se passer d'un dialogue avec l'Etat[61].

Après cette mise au point, il convient de souligner que le partenariat entre le GICAM et l'Etat peut s'appréhender à deux niveaux : le premier, ce sont les cadres de concertation, le second c'est au niveau de l'expertise que le GICAM apporte à l'Etat dans certains domaines complexes.

Jusqu'ici, deux cadres de concertation ont permis au GICAM de dialoguer avec les pouvoirs publics : le Comité

---

[59] *Ibid.*
[60] *Ibid.*
[61] N. Pinaud, *Dialogue public-privé dans les pays en développement. Opportunités et risques*, OCDE, 2007, p. 23.

interministériel élargi au secteur privé d'abord et le *Cameroon Business Forum* ensuite.

Le Comité interministériel élargi au secteur privé existe depuis les années 90. En effet, « c'est un forum permettant au milieu d'affaires d'échanger avec le Gouvernement sur les grandes orientations de la politique économique et sociale »[62]. Si on exclut la rencontre entre le GICAM et le Premier ministre, chef du gouvernement, le 31 janvier 1997 à Douala à l'occasion de la présentation du mémorandum qui traitait des questions relatives à la compétitivité des entreprises, au dialogue public-privé, à l'intégration sous régionale et à la promotion de l'image de marque du Cameroun[63], etc., le CIESP s'est réuni pour la première fois le 14 janvier 1999. Depuis cette date, il y a eu au moins quatre réunions qui s'étendent de 1999 à 2003[64]. Au cours de ces nombreuses assises, beaucoup de problèmes ont été posés par le secteur privé et des réponses variées ont été apportées par le gouvernement. L'on peut à titre illustratif en choisir quelques-unes des réponses gouvernementales notamment : la ratification du traité de la CEMAC, la création d'un guichet unique de facilitation des opérations douanières et maritimes, l'adoption d'un Programme National de Gouvernance, la promulgation de la loi sur le dumping et les pratiques anticoncurrentielles[65], etc.

On peut donc affirmer que cette plateforme de dialogue a permis au GICAM de faire des propositions à l'Etat sur des questions dont l'enjeu était important. Cependant, le CIESP avait de nombreuses faiblesses. Notamment le fait que ce comité ne puisse évaluer l'atteinte des objectifs fixés puisqu'il n'y avait aucune structure chargée de ladite

---

[62] D. Oyono (sous la direction de), *Cameroun : les chantiers de la gouvernance,* Yaoundé, Imprimerie Saint Paul, juillet 2004, p. 76.

[63] *Ibid.*

[64] *Ibid.*

[65] *Ibid.*, p. 79.

évaluation[66]. De plus, ce comité n'était pas entièrement consacré au secteur privé, ce n'était qu'un Comité élargi au secteur privé. Le secteur privé n'y avait qu'un strapontin[67]. Le résultat a été que le dialogue dans ce cadre n'a pas véritablement changé les choses. J.M. Nka le souligne fort bien lorsqu'il dit :

> Améliorer le climat des affaires pour attirer les investisseurs et doper la croissance est une vieille préoccupation au Cameroun. Des milliers de réunions se sont tenues à ce sujet, des comités pour impulser des réformes ont été créés, mais apparemment les choses n'ont pas beaucoup bougé. On s'est rendu compte en 2009 que malgré tous les discours, le Cameroun avait dégringolé dans tous les classements mondiaux[68].

C'est donc pour rectifier le tir qu'un nouveau cadre voit le jour : le *Cameroon Business Forum*. Pour la petite histoire, c'est en 2006 que le groupe de la Banque mondiale a répondu à la demande du gouvernement camerounais à l'effet de l'accompagner pour la mise en place d'un mécanisme de dialogue public-privé efficient. C'est de là qu'est né le *Cameroon Business Forum* dont la première édition s'est tenue le 18 février 2010[69]. Ses principales missions sont : le renforcement de la concertation entre les pouvoirs publics et le milieu des affaires, l'amélioration du climat des affaires et l'appui au développement du secteur privé[70]. Ce forum n'est-il finalement qu'un de plus ? A la vérité, le *Cameroon Business Forum* présente de nombreuses différences avec l'ancien Comité interministériel élargi au secteur privé. D'abord, il s'agit d'un forum entièrement

---

[66] Interview d'O. Behlé dans l'émission Actualités Hebdo du 21 février 2010.

[67] *Ibid.*

[68] Reportage de Jean Marie Nka dans l'émission Actualités Hebdo du 21 février 2010.

[69] http://www.cbfcameroun.org/cbf/fr/wp-content/up, consulté le 11 mars 2012 à 13heures.

[70] *Ibid.*

consacré aux préoccupations du milieu des affaires. Il ne s'agit plus d'un comité élargi au secteur privé. Ensuite, la grande première telle que l'a souligné J. M. Nka est que, le Premier ministre a lui-même présidé les travaux de 10 heures à 16 heures[71]. C'est la marque d'une réelle volonté de la part des pouvoirs publics.

De plus, la différence fondamentale entre le *Cameroon Business Forum* et ce qui s'est fait avant est que désormais, il y a un secrétariat dont l'objectif est d'évaluer le degré de mise en œuvre des résolutions prises. En réalité, le CBF est une collaboration entre le secteur privé et les pouvoirs publics afin d'élaborer des objectifs communs mesurables et quantifiables et de les implémenter dans un temps limité[72]. C'est donc, selon C. Metouck, « un forum de plus avec une méthodologie différente »[73]. Il y a surtout lieu d'ajouter que, même si les thèmes des discussions n'étaient pas nouveaux : fiscalité, environnement judiciaire, durée de création des entreprises, obstacles dans la procédure de payement des taxes, etc., les résolutions prises devaient être appliquées durant les trois mois qui suivaient la tenue du forum. L'objectif étant d'améliorer le classement du Cameroun dans le *Doing Business*. Effectivement, le prochain classement publié par la Banque mondiale a vu le Cameroun gagner cinq places puisqu'il est parti de la 173e place à la 168e. O. Behlé a aussi reconnu que 80 % des résolutions prises au sein du CBF avaient déjà été engagées deux mois seulement après la tenue du forum[74]. Le CBF a donc apporté un souffle nouveau. Il serait cependant prématuré de le juger, car c'est

---

[71]Reportage de J.M. Nka dans l'émission Actualités Hebdo du 21 février 2010.

[72]Ibid. A lire également en annexe l'intégralité du discours d'O. Behlé lors de ces assises à Yaoundé le 18 février 2010.

[73]*Ibid.*

[74]http://www.cbfcameroun.org/cbf/fr/wp-content/upconsulté le 11 mars 2012 à 13 heures.

depuis au moins une vingtaine d'années que des cadres de concertation existent sans que la croissance portée par le secteur privé ait été significative.

Ainsi donc, le Comité interministériel élargi au secteur privé et le CBF sont des cadres de concertation auxquels le GICAM a toujours pris part. Le CBF en particulier se veut être un forum dont l'ambition est de gommer les entraves dans l'environnement global des affaires au Cameroun. Le GICAM, en plus de sa présence dans les cadres de concertation, apporte aussi son expertise sur des questions complexes au bénéfice de l'Etat et de ses adhérents. En effet, l'organisation patronale participe à l'élaboration de la loi de finances, elle contribue avec les pouvoirs publics à la conduite d'études sur l'environnement des affaires au Cameroun. C'est le cas du *Business Climate Survey* (BCS). Le GICAM a participé à la réflexion sur les APE et à la rédaction du DSCE. Les discussions de haut niveau avec les bailleurs de fonds se déroulent généralement en présence des experts venus du GICAM.

Les précédents développements montrent que le GICAM est un partenaire des pouvoirs publics. Cela constitue un atout pour au moins deux raisons : la première est que les opérateurs économiques ont, à travers le GICAM, un interlocuteur avisé. Et la seconde est qu'au vu de sa place prépondérante, le GICAM constitue la porte d'entrée des investisseurs au Cameroun.

F- Le GICAM contribue à la lutte contre le commerce illicite

Le commerce illicite agit comme un virus dans l'économie camerounaise surtout pour les entreprises formelles et pour l'Etat. En effet, les produits contrefaits entraînent de grosses pertes. Les entreprises perdent des parts de marché et l'Etat perd des ressources fiscales et douanières. Les chiffres qui illustrent cette situation sont inquiétants :

5,41 millions de litres de *zoua-zoua*[75]entrent au Cameroun chaque semaine via le Nord et l'Extrême nord. En un mois, on atteindrait les 21,64 millions de litres. Suivant les données du GICAM, ce carburant représente environ les 1/5 de la distribution totale de la SCDP (la Société camerounaise des dépôts pétroliers). Les entreprises locales exerçant dans le secteur perdent près de 13 milliards de nos francs. L'Etat, quant à lui, a un manque à gagner d'au moins 5 milliards chaque année. Le tableau suivant montre le manque à gagner de l'Etat face aux flux de l'essence nigériane de 1990 à 1996.

[75] Les régions du Nord et de l'Extrême nord constituent la porte d'entrée de l'essence nigériane. Celle-ci a pour nom ''fédéral'', ''zoua-zoua'', '' nebam''. Pour avoir eu la chance de séjourner dans ces deux régions, nous pouvons confirmer que le carburant frelaté en provenance du Nigeria voisin est puissamment ancré dans les habitudes de la population. Cela est principalement dû au fait que le prix de ce carburant fluctue ; il coûte généralement entre 250 FCFA le niveau le plus bas par litre et 800 FCFA le prix le plus élevé par litre en situation de pénurie. La présence de Boko Haram qui entraîne la fermeture des frontières ne décourage pas les contrebandiers. Le *zoua-zoua* est toujours présent sur le marché même si le prix grimpe. Les utilisateurs sont toujours aussi nombreux et se recrutent dans toutes les classes sociales.

Tableau 18 : Manque à gagner par l'Etat du Cameroun face au flux de l'essence nigériane (*zoua-zoua*) (1990-1996).

Etat du Cameroun (années)	**Manque à gagner en millions de FCFA**	**% produits pétroliers**	**% taxes spéciales sur les produits pétroliers**	**% taxes, biens et services**	**% revenu total**
90 /91	13.203.488.262	37,7	55,9	10,7	2,6
91/92	9.427.143.795	32,5	/	83	1,9
92/93	3.422.944.96	11,0	/	3,0	0,8
93/94	3.277.330.532	9,1	11,9	2,9	1,0
94/95	2.670.416.567	6,8	10,4	/	/
95/96	4.436.336.187	/	11,2	/	/

Source : Joseph Vincent Ntuda Ebodé, « La nouvelle posture géopolitique du Cameroun et la lutte contre la piraterie dans le golfe de Guinée », in J.V. Ntuda Ebodé, *Piraterie et terrorisme : De nouveaux défis sécuritaires en Afrique Centrale*, Yaoundé, Presses Universitaires d'Afrique, 2010, p.68.

Les entreprises membres du GICAM subissent elles aussi les effets néfastes de cette mauvaise pratique commerciale. En effet, M. Ugolini, président du SCIEC, faisait remarquer lors d'un dîner-débat, qu'un gros importateur de motos de contrefaçon de marque Yamaha vendait ses produits à l'administration. La preuve en était que la marque n'était pas bien écrite : au lieu de *Yamaha* on y lisait *Lamaha*. M. Ugolini dénonçait aussi la contrefaçon qui plombe le commerce des pièces de rechange automobile. En réalité, les produits contrefaits sont vendus à des prix qui défient toute concurrence. Le tableau ci-après montre les pertes annuelles des entreprises membres du GICAM et de l'Etat en 2007 à cause de la contrebande :

Tableau 19 : Pertes annuelles évaluées en millions de FCFA pour l'année 2007 (enquête du GICAM sur les entreprises membres).

Entreprises	Pertes		
	Pertes en chiffre d'affaires	**Pertes d'emplois**	**Pertes en droits de douane et taxes (Etat)**
CAMI (pièces détachées)	1000	10	3330
CHOCOCAM (produits de confiserie, bonbon)	1800	-	1300
CIMENCAM (ciment)	7300	21	-
GPP (carburant)	15600	5	15000
IGRAFON (stylos, bics)	515 600	2	30
La pasta (pâtes alimentaires)	3900	-	407
PANZANI (pâtes)	1200	-	815
SOSUCAM (sucre)	4082	20	2330
SAFCA (cahiers)	1100	100	350
TSEKENIS	358	-	206
UNALOR (allumettes)	1200	-	-
SIPLAST (produits plastiques)	800	25	1000
NESTLE (laits dérivés)	1200	-	15
BIOPHARMA (produits cosmétiques)	190	-	97,6
Total	**555 330**	**183**	**24880,6**

Source : « Enquête du GICAM »,
Cameroon tribune du jeudi, 12 juin 2012.

En regardant ce tableau, on constate que la contrebande cause des pertes énormes aux entreprises membres du GICAM et à l'Etat. Les produits les plus touchés sont : les bics et le carburant. Au regard de cette situation, le GICAM a pris des mesures, dont la mise sur pied d'une cellule de lutte contre le commerce illicite en janvier 2005 est la concrétisation. Cette cellule a des objectifs, il s'agit : de contribuer efficacement aux initiatives de lutte sur le terrain, de définir les stratégies de lutte, de recenser les cas de commerce illicite, de sensibiliser les opérateurs, l'Etat et les consommateurs sur les effets du commerce illicite et les caractéristiques des produits contrefaits[76], etc. La réalisation des objectifs ci-dessus mentionnés se fait avec la collaboration des entreprises, de l'administration, de l'Etat et de la société civile. Le GICAM a d'ailleurs mené des actions significatives grâce à des opérations « coup de poing » à travers le territoire national dans le cadre du comité *ad hoc* de coordination des opérations de lutte contre la fraude, la contrebande et la contrefaçon. Ces opérations ont permis: la saisie de plus de 900 000 stylos à bille de contrefaçon importés, de plusieurs conteneurs de cahiers importés et non marqués, de plusieurs conteneurs de pagnes de contrebande importés, de plus d'un millier de cartons de cigarettes de contrebande et de plusieurs centaines de cartons de piles importés de la contrebande[77].

Toujours dans le même registre, le GICAM a procédé : à la formation de certains douaniers, à l'établissement d'une base de données comprenant des plans de marchés, les produits et les filières les plus touchés, les voies d'entrée et de circulation de certaines marchandises et une cinquantaine de textes réglementaires, à la sensibilisation permanente de l'Etat, des consommateurs, de l'opinion publique et des opérateurs économiques sur les effets du commerce illicite et sur la propriété intellectuelle et industrielle[78].

Voici, par exemple, une photo qui présente des poulets congelés en provenance de Kyeossi saisis à Essazock par les agents du ministère du Commerce. Cela montre que le

---

[76]www.legicam.org, consulté le 20 avril 2012 à 11 heures.
[77]*Ibid.*
[78]*Ibid.*

problème est réel et les dispositions prises par le GICAM opportunes.

G-Le GICAM est au chevet des travailleurs en entreprise

Le GICAM est aux côtés des travailleurs dans le cadre de la protection de ceux-ci[79]. Il ne pouvait d'ailleurs en être autrement au regard des relations cordiales que le GICAM entretient avec l'OIT, le BIT. Dans ce cadre, le GICAM met l'accent, en coalition avec le monde des affaires, sur la santé des travailleurs. Voilà pourquoi des programmes spéciaux pour lutter contre le VIH/SIDA, la tuberculose, le paludisme sont mis sur pied ; un partenariat a même été signé avec le ministère de la Santé publique dans ce cadre. Il ne faut pas non plus perdre de vue que le GICAM a en son sein une commission chargée des affaires sociales qui s'occupe de près des questions des travailleurs.

H- Le GICAM dispose d'une loi morale : le code éthique

Le Cameroun n'est pas à l'abri des vices qui freinent son développement économique et social : le non-respect des droits fondamentaux de la personne, la question du genre, de la race, de l'ethnie, ou même l'appartenance politique, religieuse sont des maux récurrents dans le milieu du travail. De plus, elles sont très peu nombreuses, les entreprises qui font des réalisations à caractère social. Ces vices que nous venons d'énumérer existent bel et bien. Il ressort de notre observation que la discrimination raciale et ethnique pèse d'un certain poids dans le milieu du travail. Nous avons recueilli plusieurs témoignages des personnes qui ont été

---

[79] Réunir les actions concrètes du GICAM dans le cadre de la protection des travailleurs en entreprise n'est pas une tâche aisée. Nous nous proposons de mener d'amples études sur la question dans nos prochains travaux.

victimes d'une discrimination. La plupart de nos informateurs ayant souhaité garder l'anonymat, un seul a voulu que l'on mentionne son nom. Il s'agit d'Oyono Pierre Paul, ingénieur BTP formé à l'Université centrale de Tunis. Il nous a confié que depuis son retour de Tunisie, il a déposé plusieurs demandes d'emploi. De toutes les entreprises qu'il a sollicitées, une seule l'a marqué négativement. Voici son témoignage :

> Au départ, j'ai envoyé mon dossier de candidature par e-mail ; mais je voulais aussi déposer une copie physique. Quand je suis arrivé, la responsable qui m'a reçu m'a demandé ce que je voulais. Je lui ai fait savoir que j'avais envoyé mon dossier par e-mail et que je voulais déposer un dossier physique. Elle a voulu savoir qui m'avait envoyé. Puis elle m'a demandé si je croyais que c'est de la sorte qu'on recrutait les gens dans l'entreprise. Puis elle m'a rendu le dossier et je suis parti [80].

Sans vouloir généraliser, le témoignage de ce Camerounais cache au moins une vérité : on n'a pas un travail au Cameroun, surtout dans le secteur privé, par un tour de bras. La composante ethnique n'est pas absente. Nous l'avons encore constaté à Garoua en faisant une petite enquête dans l'une des plus grandes agences de transport de la ville. Le constat a été que le facteur ethnique et religieux pèse d'un poids certain. La quasi-totalité des employés : balayeurs, chauffeurs, caissières, sont de la même religion. Et il est établi, du moins officieusement, qu'un ressortissant d'une autre religion n'a pas beaucoup de chance. A Douala, le phénomène est un peu dilué. Un concept a particulièrement attiré notre attention : le *kap awoung lah,* l'argent doit rester à la maison. C'est une sorte de patriotisme économique réduit au niveau ethnique. Une simple observation nous a permis de constater que la *Kadji Beer* est très consommée à Douala par solidarité ethnique. De plus, même les recrutements dans les entreprises n'échappent pas

[80] Entretien avec Pierre Paul Oyono à Yaoundé, le 18 août 2015.

souvent à cette solidarité. Face à cette situation et à bien d'autres, le GICAM a mis en place une loi morale en 2004, c'est le code éthique. Facultatif au départ, le GICAM oblige désormais les entreprises qui y adhèrent à signer cette loi. Ce code pose par principe qu'une entreprise ne doit pas corrompre pour gagner un marché public, qu'une entreprise doit respecter les principes de la Déclaration universelle des droits de l'homme, une entreprise doit agir dans le social, etc. Même s'il est difficile pour le GICAM de vérifier l'application de ces principes, il reste que le Groupement a le mérite d'avoir dans ses statuts ce principe fondamental.

En gros, le GICAM est une organisation patronale qui dispose de nombreux atouts. Nous avons relevé : son ancienneté, sa crédibilité, son assise nationale et internationale, son partenariat avec les pouvoirs publics, son action dans la lutte contre le commerce illicite, son action en faveur des travailleurs et sa loi morale. Grâce à ces atouts, des résultats concrets ont été obtenus. Lesquels sont perceptibles au travers des précédents développements. Cependant, celui-ci cache de nombreuses faiblesses.

II- LES FAIBLESSES DU GICAM

Dans l'univers des organisations patronales au Cameroun, le GICAM est un géant aux pieds mêlés d'argile et de fer, c'est-à-dire que malgré ses atouts, sa solidité, le GICAM a des faiblesses qui pourraient entraver son action. Les questions suivantes permettent de relever les reproches généralement formulés à l'encontre du GICAM : le GICAM est-il l'antichambre de la France au Cameroun ? A. Siaka pilote-t-il toujours le GICAM malgré son départ en 2008 ? Le GICAM est-il un lobby bamiléké ? Le GICAM est-il à l'abri des problèmes financiers ? La réflexion sur ces questions constitue la trame de ce paragraphe.

A- Le GICAM, antichambre de la France au Cameroun ?

C'est à A. Kemva que l'on doit l'affirmation suivant laquelle le GICAM c'est l'antichambre des opérateurs économiques français au Cameroun[81]. La conséquence de cette situation est que « le GICAM n'est pas suffisamment orienté vers la défense des intérêts des acteurs nationaux »[82]. Une telle réflexion cache un minimum de vérité. Deux arguments pourraient rapidement le démontrer.

D'abord, les pères fondateurs du GICAM sont des hommes d'affaires majoritairement français. De plus, depuis sa naissance jusqu'en 1993, le président de cette organisation patronale était toujours un ressortissant français. C'est la France qui a posé les bases de cette organisation patronale dans la mesure où le GICAM naît à la suite du passage au Cameroun du président du Conseil National du Patronat Français (CNPF), en janvier 1957.

Ensuite, le GICAM s'est souvent décrit lui-même comme le MEDEF(Mouvement des entreprises de France) du Cameroun : « le GICAM, c'est notre MEDEF à nous »[83] a-t-on coutume de lire. Cette référence à un mouvement patronal basé en France montre dans une large mesure les liens étroits qui pourraient exister entre le GICAM et la France. Il convient de noter que la France est jusqu'ici le seul pays européen dans lequel l'organisation patronale dispose d'une représentation. Notons au passage que le président Siaka qui a dirigé le GICAM de 1993 à 2008 n'est pas inconnu de certains groupes français tels que : le groupe Castel, le groupe Lafarge, le groupe CFAO.

---

[81] Lire l'article de Prudence Abomo, « Ce que pèsent les organisations patronales » http://www.Cameroon *tribune*. Fr. consulté le 10 mars 2011 à 12 heures.

[82] *Ibid.*

[83] P. Siki, « Présentation : "Le GICAM aime l'entreprise et les entrepreneurs" », *Conjoncture Economique*, n°006, p.29.

Cette situation pourrait constituer une faiblesse pour cette organisation patronale. En effet, le sentiment anti-français n'est pas qu'une vue de l'esprit au Cameroun. D'ailleurs, le MECAM est né en arguant que le GICAM ne représente que les intérêts privés français au Cameroun. Et que les préoccupations des nationaux n'étaient pas considérées. Cet argument a valu au GICAM la perte de nombreux adhérents. La proximité avec la France pourrait donc avoir des effets négatifs.

B- A. SIAKA continue-t-il de piloter le GICAM malgré son départ en 2008 ?

En 2008, le GICAM a fait les choux gras de la presse pour deux raisons : le départ d'A. Siaka de la présidence de l'organisation patronale et sa succession à la tête de la structure. Ces deux évènements ont permis de s'interroger sur l'influence du président Siaka. En effet, lorsque A. Siaka décide de prendre sa retraite, c'est avec le sentiment d'avoir accompli une grande mission. P. Ayangma Amang alors candidat à sa succession le reconnaît ainsi qu'il suit :« il faut d'abord se féliciter du formidable travail abattu par l'équipe conduite par M. Siaka en 15 ans. Le GICAM est aujourd'hui un partenaire social fiable, solide, crédible et respecté grâce au travail de ses pères fondateurs et du président Siaka »[84]. Le président Siaka a bâti une solide réputation. Il était apprécié de tous lorsqu'il décide de partir, de prendre sa retraite à la tête de l'une des organisations patronales les plus puissantes du Cameroun. En effet, le GICAM revendique 98 % du chiffre d'affaires des entreprises formelles. C'est une organisation qui est en phase avec les bailleurs de fonds : le FMI et la Banque mondiale. C'est une organisation qui entretient une coopération exemplaire avec des organisations

---

[84] Interview de P. Ayangma Amang, http:// www.lesAfriques. com, consulté le 09 Novembre 2011 à 10 heures, p.1.

internationales : l'OIT, par exemple. Quitter le GICAM et n'en devenir qu'un président d'honneur, conformément aux statuts en vigueur, est désormais la place réservée à A. Siaka après quinze années d'un travail appréciable. Il était tentant, pour le président Siaka, de garder la main sur le GICAM. Le président Siaka est-il finalement parti pour mieux rester ? De toute évidence, le feuilleton de sa succession à la tête du GICAM permettrait de le croire.

En effet, le choix qu'il porte sur O. Behlé pour lui succéder n'a pas mis tout le monde d'accord. Car suivant les statuts, c'est P. Ayangma Amang, en tant que vice-président, qui devait assurer l'intérim. L'influence d'A. Siaka s'observe donc à travers cette entorse dans les textes. Et comme on le sait, O. Behlé a été élu. Cette élection n'a pas été sans conséquence. P. Ayangma Amang avait déjà signifié à la presse l'implosion du GICAM au cas où cette fraude aura continué. Joignant l'acte à la parole, P. Ayangma quitte le GICAM avec bon nombre d'adhérents pour fonder l'E.cam(Entreprise du Cameroun) le 17 février 2011. Comme le souligne P. Abomo :« les départs de l'organisation mère se sont donc faits, dans la majeure partie du temps, dans un climat assez tendu. Entre bagarres de leadership, problèmes de gestion du positionnement intérieur des membres, frustrations diverses »[85].

L'influence d'A. Siaka s'est encore fait sentir dans la mesure où la présidence d'O. Behlé n'a pas été appréciée par la plupart des adhérents. Le président-directeur général du groupe *Panzani* au Cameroun, dans un post fait sur internet lui reprochait d'avoir fait reculer le GICAM de plusieurs années, d'effectuer des licenciements abusifs, d'être impulsif, de n'avoir pas su gérer le contentieux entre MTN et associés, etc. M. Abéga, son secrétaire exécutif, a même été qualifié de faussaire. La situation au GICAM était telle que

---

[85] P. Abomo, « Ce que pèsent les organisations »,*op cit.*, p.1.

de nombreux adhérents réclamaient de nouveau le retour d'A. Siaka à la tête de l'organisation patronale. Or, le vice-président du GICAM à ce moment-là est A. Fotso. C'est un homme timide et impopulaire[86]. Son capital sympathie n'est que relativement important au sein du GICAM. Cependant, il dispose d'un atout de poids : le soutien du président Siaka. Au GICAM, on le qualifie comme « un homme écran d'A. Siaka »[87]. De plus, sa candidature à la succession de O. Behlé a eu le soutien des poids lourds du GICAM : G. Boteloup, directeur général adjoint des Brasseries du Cameroun, C. Metouck, directeur général de la SONARA et président du SYNDUSTRICAM, P. Rebillard, directeur général de la BICEC, pour ne citer que ceux-là. C'est donc sans surprise que A. Fotso est élu avec une écrasante majorité de 112 voix contre 49. Il apparaît donc qu'A. Siaka pèserait encore de tout son poids dans le destin du GICAM. Cette présence aurait un impact négatif puisque le GICAM a perdu des adhérents. De plus, une certaine opinion n'hésite pas à voir dans cette omniprésence du président Siaka au sein du GICAM sa volonté d'avoir un droit de regard sur l'économie camerounaise. D'aucuns disent même que cela cacherait des ambitions politiques. Cette situation écorne quelque peu l'image de marque de l'organisation patronale.

C- Le GICAM, un lobby bamiléké?

Le pouvoir économique des Bamiléké au Cameroun est sans conteste. Ce sont des entrepreneurs. Il n'est pas surprenant que le GICAM compte parmi ses adhérents un nombre important d'opérateurs économiques de l'Ouest-Cameroun. Cette prépondérance des entrepreneurs bamiléké dans le milieu des affaires pose le problème de

---

[86] F.J. Essomba, « Succession de Paul Biya en 2018 : le plan des hommes de Maurice Kamto », http://www.lanouvelle.Com, consulté le 15 avril 2012 à 14 heures
[87] *Ibid.*

l'instrumentalisation du GICAM. En effet, certains indices suscitent des inquiétudes. De tous les présidents camerounais que le GICAM a connus, la majorité est issue de l'Ouest-Cameroun. Le seul issu du littoral a eu droit à l'un des mandats les plus critiqués de l'histoire du GICAM. Aussi se pose-t-on la question de savoir si l'arrivée d'O. Behlé à la tête du GICAM n'était qu'une façon de faire bonne figure ? Le danger d'une telle réalité est que, si l'idée d'un GICAM à la solde des Bamiléké se répand, l'opinion publique verrait en cette organisation patronale un instrument de domination de l'économie camerounaise par les ressortissants de l'Ouest. Delà pourrait prospérer une autre idée déjà bien présente suivant laquelle il ne resterait que la conquête du pouvoir politique pour asseoir définitivement l'hégémonie bamiléké au Cameroun. En effet, une certaine presse, *La Nouvelle*[88], pour ne pas la citer, a fait publier un article sur la toile. Cet article fait savoir que le contrôle du GICAM par une certaine élite de l'Ouest est l'un des préalables à la conquête du pouvoir politique. Même si cet article se fonde sur une note qui aurait été transmise à la présidence de la République et dont nous n'avons aucune possibilité de vérifier la crédibilité, il reste que l'organisation patronale offre le prétexte à ces allégations par la trop grande présence des ressortissants de l'Ouest dans son fonctionnement. Une telle idée aurait à coup sûr un impact négatif sur l'une des organisations qui est la preuve de la vitalité du milieu des affaires au Cameroun.

D-Les finances : le tendon d'Achille du GICAM ?

Le GICAM revendique 98 % du chiffre d'affaires des entreprises formelles au Cameroun. Cela n'empêche pas que l'organisation patronale connaisse des difficultés financières. En réalité, le Groupement vit des cotisations des membres,

---

[88] *Ibid.*

des dons et legs, des revenus des placements, des ressources propres provenant des services offerts et des ventes des publications[89]. De toutes ces sources de revenus, les cotisations des membres sont celles qui posent le plus souvent des problèmes. Il convient de dire que le GICAM est souvent tenu de radier des adhérents pour défaut de cotisation. De plus, il convient d'ajouter que le GICAM perd également des adhérents pour la simple raison que certaines des entreprises membres sont familiales. Ces dernières font généralement face à des difficultés managériales et successorales. Sur le plan managérial :« les promoteurs n'aiment pas entendre parler de la gouvernance d'entreprise en invoquant pour raison que ce n'est pas la gouvernance qui a créé leur entreprise pour qu'on vienne leur imposer un mode de gestion »[90]. Sur le plan successoral, le constat est que :« plusieurs entreprises familiales ont fermé ou sont en difficulté après la mort du promoteur »[91]. Ces difficultés impactent de façon négative l'activité du GICAM notamment la promotion de la gouvernance. En effet, la radiation des membres et la fermeture de certaines entreprises membres amenuisent les efforts du GICAM dans la mesure où cela entraine un manque à gagner. La conséquence en est que les ressources financières disponibles ne suffisent pas pour mener à terme tous les objectifs du groupement en matière de gouvernance. Le GICAM souhaite avoir l'appui de l'Etat pour résorber ce problème. Cela apparaît précisément dans ce témoignage recueilli par Sangue Fotso auprès du secrétariat exécutif du GICAM : « (...) l'Etat aurait dû financer le Groupement comme il le

[89] R. Sangue Fotso, « L'efficacité de la structure de contrôle des entreprises camerounaises », Thèse de Doctorat en Science de Gestion, Université de Franche-Comte, 2011, p.93.
[90] *Ibid.*
[91] *Ibid.*

fait pour le PNG qui, soulignons-le, n'a jamais produit des résultats concrets (...) »[92].

Il convient de rappeler que, selon D. Oyono, coordonnateur national du Programme national de gouvernance, la mise en place du PNG approuvée par le chef de l'Etat le 29 juin 2000 est consécutive au fait que, malgré les réformes imposées par les partenaires au développement dans la mise en œuvre des PAS notamment la DSA (Dimension sociale de l'ajustement) dont l'objectif était de faciliter le désengagement de l'Etat afin de permettre à la société civile de prendre valablement le relais, les populations, sous le poids des mesures de l'ajustement, se sont de nouveau tournées massivement vers l'Etat comme dernier recours[93]. Cette situation a permis de diagnostiquer « la crise de gouvernabilité »[94] comme facteur explicatif du malaise économique qui sévit au sein du peuple. La résolution de cette crise exige donc que l'Etat, dans ses missions régaliennes, définisse une stratégie de développement économique et social que le secteur privé ou la société civile doit suivre[95]. Telle est la raison d'être du PNG qui, du reste, constitue : « une véritable œuvre de refondation de la stratégie de développement économique et social du Cameroun »[96]. Cette refondation perceptible au travers des cinq domaines[97] visés par le PNG devrait à terme, aux dires du coordonnateur national, « aboutir à une meilleure maîtrise des fonctions régaliennes, économiques et sociales de l'Etat, et aménager ainsi les conditions d'un partenariat viable entre celui-ci et les autres acteurs de la

---

[92] R. Sangue Fotso, « L'efficacité de la structure de contrôle », *op cit.*, p. 98.

[93] D. Oyono (sous la direction de), *Cameroun : les chantiers, op cit.*, p. 12.

[94] *Ibid.*

[95] *Ibid.*

[96] *Ibid.*

[97] Lire la page 13 pour s'enquérir de ces domaines.

société »[98]. Le gros problème demeure jusqu'ici celui des résultats. En effet, si M. Abéga critique le PNG, c'est parce que dans le fond, c'est un programme d'une pertinence avérée. Dans les faits cependant, les maux que le PNG était censé guérir à savoir : les lourdeurs administratives, la problématique de la crédibilité du système judiciaire camerounais, les détournements de deniers publics, la corruption, la non implication des populations dans la gestion des affaires locales via l'implémentation de la décentralisation, la lutte contre la pauvreté, la problématique du respect des droits de l'Homme et bien d'autres, n'ont pas totalement disparu même si des actions ont été menées[99]. Le GICAM déplore cet état de choses.

L'on peut donc conclure que les difficultés financières sont un caillou dans la chaussure du GICAM. Elles empêchent le Groupement de mener à bien toutes ses missions.

Ainsi donc, il y a lieu de constater que le GICAM a des zones d'ombre qui pourraient nuire à sa mission, à sa vocation et à ses objectifs. Il n'est pas de bon ton de s'attarder sur les faiblesses. Il est davantage question de relever les perspectives. En effet, le plus important est l'avènement d'un secteur privé fort et la démocratisation de l'esprit d'entreprise. Cela libérera le potentiel de nombreux Camerounais qui sont encore sous l'emprise du système bureaucratico-colonial vecteur de pauvreté, de corruption, de sous-emploi et de sous-développement. Dès lors, comment doit se profiler le GICAM du 21e siècle ?

---

[98] *Ibid.*, p.13.

[99] Le PNG fait le récapitulatif des actions déjà menées et de celles à mener.

III- Les perspectives pour un GICAM plus fort au Cameroun du 21e siècle

Cette dernière partie présente les perspectives pour un GICAM véritablement moteur de la croissance, partenaire toujours disponible et avisé des pouvoirs publics et toujours représentatif des intérêts privés. La présentation de ces perspectives nécessite que l'on requière l'avis des principaux acteurs, des hommes qui ont servi et/ou servent toujours le GICAM. Nous avons donc choisi trois des personnalités ayant eu une influence réelle sur le GICAM à l'ère camerounaise. Il s'agit de : A. Siaka, P. Ayangma Amang etO. Behlé. Le point commun entre ces trois personnalités est qu'elles ont toutes nourri un rêve pour un GICAM fort et dynamique.

A- La vision du président Siaka

A. Siaka avait nourri un rêve suffisamment ambitieux qui reste d'actualité. La vision qu'il a formulée pour une organisation patronale forte ne peut tomber dans l'oubli. Il est le premier à avoir balisé le chemin que le GICAM devait suivre au 21e siècle. Pour lui : « le GICAM : référence-promoteur de l'investissement-catalyseur du dialogue... c'est le Groupement dont nous pouvons légitimement rêver pour le 21e siècle et que partant, la communauté des membres devra s'atteler à façonner »[100]. En lisant entre les lignes, on peut s'apercevoir que le président Siaka nourrissait l'ambition d'un GICAM au centre de la croissance économique, au cœur du dialogue avec les pouvoirs publics et une référence en qualité d'organisation soucieuse du bien-être des entreprises. Trois moments fondent cette vision : d'abord, le GICAM comme référence, c'est-à-dire que le Groupement peut, grâce à la qualité de ses études, mettre à la

---

[100] GICAM, *Livre d'or*, *opcit.*, p. 46.

disposition de ses membres des données statistiques fiables. La raison en est qu'aucune politique de développement économique ne peut se faire sans avoir des données chiffrées. Le GICAM doit être une référence grâce à sa base de documentation. Référence également parce que le GICAM doit montrer la conduite à suivre, grâce aux résultats des études faites dans différents domaines.

Ensuite, le GICAM doit se positionner comme promoteur de l'investissement au Cameroun. Dans ce cadre, A. Siaka suggère ce qui suit :

> Le GICAM peut jouer un rôle de premier plan dans l'attrait de l'investissement au Cameroun : multiplier les contacts avec l'extérieur, aider à la formation d'alliance en matière d'investissement, organiser ou susciter l'organisation des forums et des rencontres avec des entreprises d'autres régions du monde. Nous devrons résolument nous tourner vers l'extérieur pour accroître nos chances de développement[101].

Enfin, le GICAM doit être un promoteur du dialogue avec les pouvoirs publics. Pour ce faire, A. Siaka établit les préalables pour un dialogue efficace à la fois pour les pouvoirs publics et pour l'organisation patronale. Vis-à-vis des pouvoirs publics, il préconise :

1. La fin du climat de suspicion existant encore entre les parties concernées ;
2. Un renforcement des capacités de chacune des parties favorisant au moins une lecture responsable des contraintes des autres parties ;
3. Un dialogue intra déjà efficace au sein de chacune des parties prise isolément, tant une harmonisation des positions à l'intérieur de chaque groupe est de nature à faciliter la concertation.

Vis-à-vis du GICAM, il préconise de :

- consolider ses propres banques d'information ;

---

[101]*Ibid.*, p. 45.

- dégager des compétences dans la compréhension des mécanismes macro-économiques et sociaux ;
- faciliter et vulgariser l'accès à l'information sur l'entreprise et les contraintes et pressions locales et extérieures s'exerçant sur elle[102].

Comme on peut le constater, ces propositions demeurent d'une brûlante actualité.

P. Ayangma Amang a lui aussi nourri le rêve d'un GICAM ambitieux. Celui-ci est digne d'intérêt.

---

[102] *Ibid.*, p. 46.

B- P. Ayangma Amang, pour un GICAM qui passe d'une force de proposition à une force d'action

P. Ayangma Amang connait le GICAM pour avoir passé treize ans à la vice-présidence de la structure. C'est dans une interview accordée au journal *Les Afriques* qu'il dévoile sa vision pour le GICAM. Il convient de rappeler tout de même que P. Ayangma veut succéder à A. Siaka qui, comme cela a déjà été relevé, a accompli une œuvre immense. Cependant, pour le candidat, une ère nouvelle s'ouvrait. Il fallait aussi une nouvelle vision. Voici ce qu'il déclare au journal *Les Afriques* :

> Le GICAM aborde une nouvelle étape de son cycle de vie qui impose conséquemment un repositionnement, une remise en cause de nos approches. Nous avons jusqu'ici pu créer les conditions d'un dialogue public/privé, nous devons aujourd'hui aller plus loin... en consolidant nos acquis, mais, au-delà en devenant, plus qu'une force de proposition, une force d'action. Il ne s'agit pas de faiblir, mais d'arrimer notre mouvement en son temps. La structure de notre Groupement a changé : au départ composé essentiellement de grandes entreprises multinationales, nous sommes passés à un Groupement composé majoritairement de PME-PMI. Cette nouvelle donne est au cœur de la refondation stratégique que nous proposons à travers cette candidature[103].

P. Ayangma, dans sa formule, apporte quelque chose de nouveau. Il propose que le GICAM devienne, en plus de la force de proposition, une force d'action. Il explique que « nous devons profiter du cadre juridique de partenariat mis en place en 2006 et qui permet la réalisation par le secteur privé des infrastructures de grande envergure sur le modèle B.O.T. Cela se fait déjà dans un certain nombre de pays africains »[104].C'est dire que les membres du GICAM pourraient, conformément à la loi, réaliser des grands projets au profit de toute la chaîne économique. De plus, le GICAM

---

[103] Interview de P. Ayangma, http://www.lesafriques. com, consulté le 9 novembre 2011 à 11 heures.
[104] *Ibid.*

doit prendre en compte le fait que les PME-PMI constituent l'une de ses composantes essentielles. C'est pourquoi il fait la proposition suivante :

> Nous allons proposer un projet d'accompagnement des PME qui passe par la création des services additionnels à véritable valeur ajoutée. Par exemple, la formation (institution de l'Université du GICAM), la mise en route de prétextes événementiels de relance sociale entre les membres, une vraie politique de prévoyance pour les PME-PMI, le réseautage, le paiement accéléré des factures PME-PMI[105].

P. Ayangma s'intéresse également au problème relatif au départ des membres. En effet, il est arrivé à l'organisation patronale de voir ses membres influents quitter le navire. Face à cela, il préconise ce qui suit :« A ceux qui ont quitté le GICAM à une époque ou à une autre pour quelque raison que ce soit, nous tendrons la main bien évidemment »[106]. Bien que les évènements aient pris la tournure qu'on connaît, il reste que c'est une autre vision du GICAM que les dirigeants ne sauraient négliger : devenir une force d'action, prendre en compte les PME-PMI, tenir compte de tous les adhérents, tendre la main à ceux qui sont partis, permettre aux adhérents de se réapproprier le Groupement, entre autres.

Comme on le sait, c'est O. Behlé qui est élu en 2008. Lui aussi connaît bien le GICAM puisqu'en 1997, il était membre du bureau de l'équipe dirigée par A. Siaka. Il a lui aussi nourri le rêve d'un GICAM fort, bien qu'il semble qu'il ait été le plus souvent incompris.

---

[105] *Ibid.*
[106] *Ibid.*

C- O. Behlé, pour un GICAM doté de compétences

Quand la question de la succession d'A. Siaka se pose en 2008, O. Behlé est, par rapport à son concurrent, celui dont l'élection suscite des doutes. En effet, le fait qu'il dirige une petite entreprise jouait en sa défaveur. C'était sans compter avec ses atouts : le soutien du président Siaka et ses qualités personnelles. Voici le commentaire que fit le président Siaka pour justifier la crédibilité de la candidature d'O. Behlé :« ce n'est pas l'entreprise qui préside aux destinées du GICAM. C'est plutôt le leadership de la personne qui compte »[107]. C'est dire que le président du GICAM ne doit forcément pas être issu d'une grande entreprise. De plus, selon le président Siaka, O. Behlé réunit les critères du leadership qui sont : l'intégrité, la disponibilité, la compétence, l'expérience et l'indépendance. Le sphinx, comme aiment à l'appeler ses collaborateurs, tout en assurant l'intérim, prépare donc une réforme en profondeur. Face à la presse le 07 novembre 2008, il ambitionne :

> La réorganisation dans le sens du renforcement du système de gouvernance pour une meilleure réactivité et une plus grande efficacité ; l'élaboration de cadres de coopération stables et performants vis-à-vis de toutes les parties prenantes au développement de l'entreprise et enfin, la détermination des mutations institutionnelles qui prennent en compte l'évolution des rôles de tous les autres partenaires du patronat camerounais[108].

Cette vision s'articule en trois axes : élaborer une plateforme ou un cadre de coopération avec tous les acteurs qui participent au développement des entreprises, réorganiser pour renforcer le système de gouvernance et prendre en compte l'évolution des rôles des autres partenaires du patronat camerounais en l'occurrence les femmes chefs d'entreprise.

---

[107]www. Leffortcamerounais.info./2008/09/gicam-olivier-b.html, consulté le 10 mai 2011 à 14 heures.
[108]*Ibid.*

Ce qu'il recherchait avant tout, c'était la compétence. Pour lui, la qualité des hommes est la condition *sine qua non* du succès. Il l'a d'ailleurs confié à I. chérif lors de son passage à l'émission Actualités Hebdo du 21 février 2010 après la tenue du tout premier *Cameroon Business forum* le 18 février. Il recherchait la qualité à tous les niveaux du fonctionnement du groupement. La réorganisation et le renforcement du système de gouvernance signifient par exemple « le remplacement du bureau par un conseil d'administration allégé »[109]. En effet, cette réforme visait à réduire les membres du bureau de 24 à 12 membres, car lorsqu'ils étaient au nombre de 24, seuls 8 à 10 membres participaient aux réunions. Très peu s'impliquaient effectivement. La réduction des membres du bureau aurait pour objectif, l'efficacité doublée de la compétence. Même si cette vision a été fortement critiquée, il reste que les dirigeants actuels pourraient s'en inspirer.

Il y a aussi l'implication des femmes chefs d'entreprise dans le fonctionnement du GICAM. O. Behlé avait le souci d'impliquer les femmes puisque le GICAM ne leur accorde pas vraiment une place importante. Depuis 1957, il n'ya pas eu de femmes à la tête du groupement. Le sphinx a donc voulu que l'égalité des genres soit respectée. C'est une donnée que l'équipe actuelle doit pouvoir considérer.

En définitive, les perspectives que nous avons présentées émanent de trois leaders qui ont connu et nourri un rêve pour le GICAM. Chacun de ces leaders a élaboré un projet qui nécessite d'être mis à profit. Il convient de souligner que les universités du GICAM instituées aujourd'hui sont une idée de P. Ayangma. C'est dire que les dirigeants actuels et futurs ont donc un grand intérêt à s'inspirer de leurs leaders passés. L'histoire sert aussi à préparer le futur.

---

[109] Réforme des statuts du GICAM, http://www.legicam.org , consulté le 10 août 2012 à 14 heures.

CONCLUSION

En définitive, le GICAM est une organisation qui joue un rôle fondamental dans le développement économique et social du Cameroun grâce à ses nombreux atouts. En réalité, le GICAM a vu le jour dans un contexte marqué par la marche du Cameroun vers son indépendance. Cette situation inquiétait les entrepreneurs européens qui, jadis, occupaient le sommet dans la hiérarchie de l'économie coloniale.

Dès sa naissance en 1957, le GICAM : « Groupement Interprofessionnel pour l'Etude et la Coordination des Intérêts Economiques au Cameroun », s'est défini comme un organisme d'études dont les objectifs étaient entre autres : de maintenir une liaison permanente entre les responsables des activités privées du territoire, de procéder à des études sur les problèmes généraux du Cameroun, d'inspirer la conduite d'une politique tendant à l'expansion économique du territoire dans l'harmonie des intérêts en cause, de contribuer à déterminer et de faire connaître une ligne d'action commune susceptible de faciliter la solution des problèmes, etc. Le GICAM a travaillé à l'atteinte de ces objectifs surtout qu'à l'époque, l'organisation patronale est constituée de poids lourds et de solides partenaires qui ont fini par se rallier à lui grâce à son expertise. C'est le cas du SYNDUSTRICAM, du SCIEC pour ne citer que ceux-là.

Toujours à cette époque, voire jusqu'à la fin des années 80, le GICAM n'était pas encore visible. Beaucoup d'entraves l'empêchaient de pleinement jouer son rôle notamment le fait que le GICAM n'était pas une organisation véritablement patronale, c'était une simple « association hétéroclite de syndicats et de professionnels divers ». Le GICAM n'avait pas d'immeuble siège, les moyens étaient insuffisants, la crise économique des années 80 et le changement du contexte politique à partir de 1990 affaiblissent l'organisation patronale. C'est dans ce contexte que le GICAM a décidé d'opérer sa mue : la dénomination a changé, les statuts ont été revus, l'organigramme a été modifié, de nouveaux moyens adaptés aux objectifs ont été mis sur pied, etc. Le point d'orge a sans doute été l'arrivée de Monsieur A. Siaka à la tête du GICAM en 1993. Son œuvre a été titanesque : il a édifié un immeuble siège, mis sur pied un centre d'arbitrage et un centre de formation. En 15 ans, le GICAM est devenu la principale organisation patronale du Cameroun.

La marche de cette organisation étant indissociable de l'évolution politique et économique du Cameroun, il y a lieu de souligner que le GICAM a été présent aussi bien pendant le tout-Etat que pendant le libéralisme en vigueur depuis les années 90. En effet, pendant le tout-Etat où l'Etat était : « l'auteur de la pièce, l'acteur et le spectateur », pour reprendre la métaphore de théâtre utilisée par R. Laheuguère, le GICAM jouissait de deux atouts majeurs qui lui ont été favorables. Le fait de concentrer l'essentiel des « grosses maisons » et le fait d'être animé par :« un personnel expatrié compétent » qui ne représentait aucun danger au plan politique. Fort de ses atouts, le GICAM s'était fixé pour objectifs : de trouver sa place dans une dialectique sphère de l'économie administrée/sphère d'initiative privée, d'apporter sa contribution à la réflexion et à la mise en place des infrastructures et du cadre législatif et réglementaire des entreprises et des travailleurs, etc. Objectifs globalement atteints puisque le GICAM a pu trouver sa place, mais surtout : « le GICAM n'a ménagé aucun effort pour proposer au gouvernement des mesures indispensables à l'instauration d'un climat de confiance devant soutenir la relance économique ».

Le tout-Etat ayant fait long feu, l'économie étatisée a tôt fait de s'effondrer. Le FMI et la Banque mondiale, véritables propagateurs actifs de la mondialisation, ont facilité l'entrée du Cameroun dans le libéralisme via les programmes d'ajustement structurel eux-mêmes inspirés du consensus de Washington qui prônait le retrait de l'Etat dans la vie économique. Le nouveau contexte qu'a imposé le libéralisme a eu des effets bénéfiques et négatifs sur les activités du GICAM. Si grâce au libéralisme, le secteur privé a été reconnu comme acteur majeur du développement économique au travers de la privatisation dont l'objectif était de changer le mode de gestion public par un mode de gestion privé censé être plus efficace, il n'en demeure pas moins vrai que la libéralisation a entraîné de nombreux problèmes qui constituent de véritables obstacles à l'amélioration du climat des affaires : l'apparition du secteur informel, l'accentuation de la corruption, les tracasseries administratives, etc.

Malgré le fait que l'environnement des affaires reste difficile, le Cameroun projette de devenir un pays émergent. Face à ce nouveau challenge, le GICAM dispose de nombreux atouts : c'est l'une des organisations patronales les plus anciennes du Cameroun, c'est une organisation crédible à la fois au plan national et international, c'est une force de proposition, un partenaire des pouvoirs publics ; le GICAM est au chevet des travailleurs, etc. Ces atouts du GICAM lui ont permis d'obtenir des résultats concrets notamment : la pause fiscale de 1996 à 2005, la contribution à la mise en place du *Cameroon Business Forum*, l'intensification de la lutte contre le commerce illicite et la contrefaçon, l'institutionnalisation et le fonctionnement de l'arbitrage au Cameroun, la lutte contre le VIH/SIDA en entreprise, sa présence dans des conseils d'administration des entreprises assurant le service public, son code éthique, etc.

Ce dernier cache aussi des faiblesses. D'aucuns estiment que le GICAM serait un lobby bamiléké. De plus, le Groupement n'est pas à l'abri des problèmes financiers ; ce serait aussi l'antichambre de la France au Cameroun, etc. Ces faiblesses n'empêchent pourtant pas le GICAM d'avancer, car l'avenir dure longtemps et semble prometteur. Le GICAM pourrait trouver sa force en s'inspirant des perspectives élaborées par des hommes qui ont nourri un rêve pour lui : A Siaka, P. Ayangma, O. Behlé, etc.

Que dire en perspective ? Tout simplement que le GICAM ainsi que les autres organisations patronales ont du pain sur la planche. En effet, l'entreprise doit peu à peu remplacer l'Etat dans l'emploi. Il faut une transformation mentale qui pousse le grand nombre à songer à la création des structures de production compétitives et un Etat qui facilite l'éclosion de ces entreprises. C'est à ce prix-là que la création des entreprises cessera d'être « un sport dangereux » pour devenir un jeu plaisant et bénéfique pour le bien de notre nation. Nous osons croire que les successeurs d'Olivier Behlé relèveront ces défis. Nous nous donnons le devoir, en tant qu'historien, de suivre l'évolution de la question.

SOURCES ET RÉFÉRENCES BIBLIOGRAPHIQUES

I - OUVRAGES

Ouvrages généraux

Abena Abena, *Banques, Entreprises et développement au Cameroun*, Paris, Éditions Dîanoia, 2006.

Abwa, D., *Commissaires et hauts-commissaires de la France au Cameroun 1916-1960. Ces hommes qui ont politiquementfaçonné le Cameroun*, Yaoundé, PUY, UCAC, 1999.

Anouma, R. P., *Corset colonial et prise de conscience*. 1920-1946, Paris, L'Harmattan, 2006.

Brunschwig, H., *Le partage de l'Afrique noire*, Paris, Flammarion, 1971.

Courcelle, M., *Le secteur Privé au Cameroun*, OCDE, CILSS, club du Sahel, juin 1990.

Camilleri J-L., *La petite entreprise africaine. Mort ou résurrection* ? Paris, L'Harmattan, 1996.

D'almeida Topor. H., *L'Afrique au XXe siècle*, Paris, A. Colin, 2003.

Ebale, R., *Les Accords de Partenariat Economique (APE)*, Yaoundé, litchasonic formation, 2012.

Ela, J.M., *Travail et entreprise en Afrique. Les fondements sociaux de la réussite économique*, Paris, Karthala, 2006.

Etoga Eily, F., *Sur les chemins du développement*, Yaoundé, CEPER, 1971.

Guernier E. et Froment – Guieysse G., (sous la direction de), *L'encyclopédie coloniale et maritime*, Paris, 1950.

Hugon, P., *L'économie de l'Afrique*, Paris, La Découverte, 2009.

Joseph, R., *Le mouvement nationaliste au Cameroun. Les origines sociales de l'UPC*, Paris, Karthala, 1985.

Kange Ewané, F., *Semence et moisson coloniales*, Yaoundé, Éditions CLE, 1985.

Kom D., *Le Cameroun. Essai d'analyse économique et politique,* Deuxième Édition, Paris, L'Harmattan, 2001.

Laszlo, E., *Le monde moderne et ses limites*, Paris, Tocor international, 1988.

Marfaing, L., Boubacar Barry, Harding L., (sous la direction de),*Commerce et commerçants en Afrique de l'Ouest. Le cas du Sénégal*, Paris, L'Harmattan, 1992.

Mouelle Kombi, N., *La politique étrangère du Cameroun*, Paris, L'Harmattan, 1996.

Mveng, E., *Histoire du Cameroun*, Yaoundé, CEPER, Tom2, 1985.

Ngandjeu, J., *Le Cameroun et la crise. Renaissance ou blocage ?* Paris, L'Harmattan, 1982.

Ngoh, V.J., *Le Cameroun 1884-1985. Cent ans d'histoire*, Yaoundé, CEPER, 1990.

Obenga, Th., *L'Afrique centrale précoloniale*, Paris, Présence africaine, 1974.

Pinaud, N., *Dialogue public-privé dans les pays en développement. Opportunités et risques*, OCDE, 2007.

Sarraut, A., *Grandeur et servitude coloniales*, Paris, Éditions du sagittaire, 1931.

Sorman, G., *La nouvelle richesse des Nations*, Paris, Fayard, 1986.

Touna Mama., *Crise économique et politique de déréglementation au Cameroun*, Paris, L'Harmattan, 1996.

Zeufak, A.G., *Investissement privé et ajustement en Afrique subsaharienne*, Paris, L'Harmattan, 2001.

Ouvrages méthodologiques

Beaud M., *L'art de la thèse*, Paris, La Découverte, 2003.

Guide méthodologique du Département d'Histoire, Yaoundé, janvier 2006.

Ruano-Borbalan J-C (sous la direction de). *L'histoire aujourd'hui*, Paris, Éditions Sciences Humaines, 1999.

II – ARTICLES

Abéga, M., « Soutenir la croissance des entreprises pour l'avènement d'une croissance durable », *Le Bulletin du GICAM*, n°38, Mars 2008. pp.1-2.

— « L'APE et les enjeux du développement », *Le Bulletin du GICAM*, n°40 septembre 2008. pp.8-9.

AmbassaEssomba, C., « Compétitivité et financement de l'économie Camerounaise dans le contexte d'une économie mondialisée », *Revue Camerounaise du management*, n°13, juin 2004. pp. 8-9.

Bayart, J.F., « Régime de parti unique et systèmes d'inégalité et de domination au Cameroun : esquisse », *Cahiers d'Etudes Africaines*, V. XVIII, n°69-70, 1977/1978.

Behlé, O., « Leadership et émergence », *Le Bulletin du GICAM*, n°49, mars 2010.p.1.

Bondoma Yokono, D., « Ajustement Structurel, solidarité ethnique et équilibre socio-économique au Cameroun », *Démocratisation et rivalités ethniques au Cameroun*, GIREPE, n°1, 1997. pp.9-14.

Brunschwig, H., « Décolonisation, néo-colonialisme : essai sur le vocabulaire de la politique coloniale », *Cahiers d'Etudes Africaines*, V.XIII, n°49, 1973.pp. 13-25.

—« De la résistance africaine à l'impérialisme européen », *The journal of African history* V.XV, Novembre, 1981. pp.9-18.

Codo, B.C. et Anignikin,S.C., « Pouvoir colonial et tentatives d'intégration africaines dans le système capitaliste : le cas du Dahomey entre les deux guerres », *Revue canadienne des Etudes Africaines*, vol.16, n°16, 1982.pp.2-18.

Coquery-Vidrovitch, C., « La mise en dépendance de l'Afrique noire. Essai de périodisation, 1870-1970 », *Cahiers d'Etudes Africaines*, V, XVI, n°61-62, 1977.pp.5-52.

D'almeida Topor, H., « Les conséquences de la crise de 1929 en Côte d'Ivoire », *Cahiers d'Etudes Africaines*, V.XVI, n°61-62, 1977.pp. 103-117.

Dippold, M.F., « L'image du Cameroun dans la littérature coloniale allemande », *Cahiers d'Etudes Africaines,* n°49, vol, XIII, 1973.pp.103-117.

Efoua Mbozo'o, S., « Historique de l'emblème, de l'hymne, de la devise et de la fête nationale du Cameroun », *Annales de la faculté des Arts, Lettres et Sciences Humaines*, vol 1, n°14, nouvelle série, 2006. 12-48.

Kaptue, L., « Le syndicalisme ouvrier au Cameroun, Son contexte historique », *Annales de la Faculté des lettres et sciences Humaines*, séries sciences humaines, vol.V, n°2, juillet, 1989.p. 5-24.

Le François, L., « Les banques commerciales en Afrique subsaharienne : origine, évolution-avenir », *marchés tropicaux*, n° 2172, du 26 juin 1987.pp. 2224- 2228.

Legouté, J. R., « Définir le développement : historique et dimensions d'un concept plurivoque », *Cahier de recherche sur l'intégration continentale,* Université du Québec, février 2001. pp. 5-8.

Lobe Ewane, M., « Privatisation, la fièvre gagne l'Afrique », *Cameroon tribune*, n°3640 du mercredi 06 août 1986. p.8.

Loucou N. et Woundji C., « Histoire et développement », *Cahiers d'Etudes Africaines*, volume XVI, n° 61-62 ,1977.pp.75-81.

Morin, E., « Une crise future », *Le Courrier de l'UNESCO*, décembre 2010.pp.12-25.

Noubissie Ngankam, E., « Immeuble siège du GICAM : c'est parti ! », *Le Bulletin du GICAM*, n°16, mars 2001.

Ntuda Ebodé, J. V., « La nouvelle posture géopolitique du Cameroun et la lutte contre la piraterie dans le golfe de Guinée », J.V. Ntuda Ebodé (sous la coordination de), *Piraterie et terrorisme : De nouveaux défis sécuritaires en Afrique Centrale*, Yaoundé, Presses Universitaires d'Afrique, 2010.

Owona, A., « La naissance du Cameroun (1884-1914) », *Cahiers d'Etudes Africaines*, V.XIII, n°46, 2e trimestre, 1973. p. 5-20.

Siki, P., « Le GICAM aime l'entreprise et les entrepreneurs »,*Conjoncture économique*, n°006. p.8-9.

Suret-canal, J., « A propos de Vigné d'Octon : peut- on parler d'anticolonialisme avant 1914 ? », *Cahiers d'Etudes Africaines*, V. XIII, n°69-70.

Temgoua, A. P., « Commerçants allemands et marchands haoussa au Nord Cameroun 1902-1915 », *Humanitas*, 3e année, n°03, décembre 2004, pp.61-79.

Vellut, J.L., « Hégomonie en construction : articulations entre Etat et entreprises dans le bloc colonial Belge (1908-1960) »,*Revue Canadienne des Etudes Africaines*, vol, 16, n°16,1982,.p. 10-40.

Yotcha, H., « Synthèse du dîner-débat sur la loi de finances 2011 », *Le Bulletin du GICAM* n°49, mars 2010. p.9.

Rapports et colloques

Rapport Banque Mondiale, République du Cameroun. Le Défi : mettre en valeur les ressources exploitées. Évaluation du secteur privé, juin 1996.

Etude sur le climat des investissements et des affaires au Cameroun. ECI 2007, SNV-GIZ-GICAM, Cameroun 2007.

Rapport moral du Président du GICAM O. Behlé à la 106e assemblée générale du GICAM, Douala, le 17 décembre 2008.
Rapport moral d'A. Siaka, Président du GICAM, 104eassemblée générale ordinaire, 19 décembre 2007.
Oum, E., « Le partenariat public-privé dans la lutte contre la corruption et le renforcement de l'économie au regard du programme de promotion de la bonne gouvernance : le cas du Cameroun », CAFRAD, Tanger-Maroc, 10-12 mai 2010.
Souop, S., « Les valeurs cardinales de l'arbitrage : le cas l'arbitrage du centre d'arbitrage du GICAM », colloque international du centre d'arbitrage du GICAM, 2e édition, du 23-24 mars 2009.
Tsafack Nanfosso, R., « APE : Contribution à la prospérité et au libre commerce ». Journée d'Amitié Cameroun-Europe. Colloque des 15 et 16 septembre 2005, Yaoundé.

III – MEMOIRES ET THESES

Akono Abina, M.F., « Présence et activités des Grecs au Cameroun : le cas de la ville de Yaoundé. 1920-1981 », mémoire de Master en histoire, UYI, 2010.
Atemengue, L.C., « Histoire de la Direction générale des Impôts », mémoire de Master en histoire, UYI, 2011.
Dongmo Guimfack, C., « L'arbitrage en droit de propriété intellectuelle dans l'espace OAPI », mémoire de Master en droit de la propriété intellectuelle, UYII, 2009.
Fotue Njomou, S., « Les déterminants des performances à l'exportation des entreprises industrielles Camerounaises », mémoire soutenu à l'ISSEA, Yaoundé-Cameroun, 2005.
Kemogni, P., « La Chambre du Commerce et d'Industrie au Cameroun », mémoire de Maîtrise en histoire, UYI, 2001.

Ngah Nomo, F., « L'appui canadien au secteur privé camerounais 1970-2009 », mémoire de Maîtrise en histoire, UYI, 2001.
Nkeumaleu, G., « Douala pendant les ''opérations villes mortes », mémoire de Maitrise en histoire, UYI, 2005.
Nnanga Mvomo, S.L., « Insécurité alimentaire et violence politique dans les pays dits ''stables'' le cas du Cameroun 1988-2008 », mémoire de Master en histoire, UYI, 2010.
Ntoh, G.S., « La compétitivité et l'internationalisation des PME camerounaises face à l'ouverture des marchés », mémoire de Master en marketing international, IRIC, 2009.
Signé, C., « L'UCCAO et sa contribution au développement économique et social de la province de l'Ouest – Cameroun. 1958-1990 », mémoire de Maîtrise en histoire, UYI, 1999.
Tcheumeni, D., « La politique industrielle du Cameroun 1960-2000 » mémoire de Maîtrise en histoire, UYI, 2001.
William Djamen Noukoue, G., « Confluence pédagogique des médiathèques :apport dans la didactique de la langue française au second cycle », ENS Yaoundé, DIPESII, 2007.

Thèses de doctorat

Deganendji, G., « Monnaie et échanges en Afrique centrale zone Franc CFA XIXe–XX siècle », Thèse de Doctorat/Ph.D en histoire, UYI, décembre 2000.
Dzana, I.B., « L'esprit d'entreprise chez les Bamiléké et les Béti au Cameroun : une étude anthropologique comparée », Thèse de Doctorat/Ph.D en anthropologie du développement, UYI, 2009.
Koufan Menkene, J., « Le Cameroun et la Guinée équatoriale entre tumultes et paranoïa : fondements, enjeux et débats sur un destin commun et une difficile

coexistence depuis 1916 », Habilitation à diriger les recherches HDR en Histoire, UYI, août 2010.

Sangue Fotso, R., « L'efficacité de la structure de contrôle des entreprises camerounaises », Thèse de Doctorat en sciences de gestion, Université de Franche-Comté, 2011.

IV - SOURCES NUMERIQUES

http://www.leffortcamerounais.info./2008/09/gicam-olivier-b.html, consulté le 12 juin 2013 à 11 heures.

http://www.lesafriques.com, consulté le 09 novembre 2011 à 10 heures.

http://www.cameroun.tribune.com, consulté le 7 août 2013 à 15 heures.

http://www.lanouvelle.com, consulté le 10 août 2013 à 0 heure.

http://www.tounamama.fr, consulté le 10 août 2013 à 21 heures.

http://www.winne.com/cameroun/vp08.html., consulté le 15 septembre 2014 à 19 heures.

http://www. Journalducameroun.com,consulté le 15 septembre 2014 à 19 heures.

http://www. Camerounactu.net,consulté le 10 octobre 2014 à 19 heures.

http://www.cbfcameroun.org/cbf/fr/wp-content/up, consulté le 15 septembre 2014 à 21 heures.

http://www. Mémoireonline.com, consulté le 10 juillet 2016 à 18 heures.

http://www. Universalis.fr, consulté le 20 juin 2016 à 19 heures.

http://www.les –renseignements-généreux.org, consulté le 20 juin 2016 à 21 heures.

http:// www.conte.u-bordeaux4.fr, consulté le 20 juin 2016 à 19 heures.

http:// www.ocde.org/editions/coorigenda, consulté le 20 juin 2016 à 19 heures.

V – VIDEOGRAMME

Actualités Hebdo, du 21 février 2010 présenté par Ibrahim Chérif avec comme invité Olivier Behlé, président du GICAM.

VI- ARCHIVES

Archives coloniales

ANY, 2 AC 5031 Circulaire de la mission du CNPF, 1957.

ANY, 2 AC8012 Journal Officiel de la République française, 18 avril 1957.

Journaux exploités aux Archives Nationales de Yaoundé

Mba, E., ‘‘Il faut rassurer ceux qui ont investi au Cameroun’’, in *La Presse Cameroun*, n°2098, du vendredi 26 avril 1957.p.1.

Owona, A., ‘‘Félicitations’’, *La Presse du Cameroun*, n°2120 du vendredi 24 mai 1957. p.1.

V de L., ‘‘Une étroite collaboration régnera entre le gouvernement camerounais et la chambre de commerce et d'industrie’’, *La Presse du Cameroun,* n°2.129 du 5 juin 1957, p.1.

—‘‘Un Groupement pour l'Etude et la Coordination des Intérêts Economiques au Cameroun est né’’ in *La Presse du Cameroun,* n°2.118, du mercredi 22 mai 1957, p.1.

— ‘‘Séance de travail dans la chambre de commerce et d'industrie’’ in *La Presse du Cameroun*, n° 2.575, du 27 novembre 1958, p.2.

— ‘‘Le chef du gouvernement Camerounais reçoit une délégation de la chambre du commerce et d'industrie venue lui exposer ses désirs et ses suggestions'', in *La Presse du Cameroun*, n°2.147, du& 27 juin 1957, p.1.

Vanpouille, G., ''Lettre à monsieur l'anonyme auteur de l'article ''arrêter les scandales ! paru dans ''Le Cameroun libre'', in *La Presse du Cameroun*, n°2125 du vendredi 31 mai 1957, p.52.

REMERCIEMENTS

Je voudrais exprimer ma profonde gratitude au Professeur Samuel Efoua Mbozo'o. Sans lui, ce travail n'aurait jamais abouti. Je remercie également le Professeur Albert Pascal Temgoua pour la lecture experte qu'il a faite. Les critiques du Dr Ambroise Nouboudem ont également été d'un apport précieux. Je ne saurais terminer sans dire merci à Jean Claude Papale, réalisateur à la CRTV. Grace à lui, nous avons pu obtenir un numérau de l'émission Actualité Hebdo dont l'invité était Olivier Behlé, ancien Président du GICAM. Je remercie enfin Eric Lambert Djeukwe pour la relecture complète de ce travail.

Table des matières

Structures éditoriales du groupe L'Harmattan

L'Harmattan Italie
Via degli Artisti, 15
10124 Torino
harmattan.italia@gmail.com

L'Harmattan Hongrie
Kossuth l. u. 14-16.
1053 Budapest
harmattan@harmattan.hu

L'Harmattan Sénégal
10 VDN SICAP AMITIE 3
BP 45034 Dakar-Fann
direction@senharmattan.com

L'Harmattan Cameroun
Tsinga/Derrière polyclinique FECAFOOT
BP 11486 Yaoundé
Jacques.koukam@harmattan.fr

L'Harmattan Burkina Faso
Villa 281, secteur 23 623, rue 14.32
Ouagadougou
zagbie@outlook.fr

L'Harmattan Guinée
Almamya, rue KA 028 OKB Agency
BP 3470 Conakry
harmattanguinee@yahoo.fr

L'Harmattan RDC
185, avenue Nyangwe
Commune de Lingwala – Kinshasa
matangilamusadila@yahoo.fr

L'Harmattan Congo
219, avenue Nelson Mandela
BP 2874 Brazzaville
deunovmikhael@gmail.com

L'Harmattan Mali
Immeuble Mgr Jean Marie Cissé
Aci Hamadallaye
BP 145 Bamako
syllaka@yahoo.fr

L'Harmattan Togo
Djidjole – Maison Amela
face EPP BATOME
02 BP 20680 Lomé
didieramela11@gmail.com

L'Harmattan Côte d'Ivoire
Résidence Karl – Cité des Arts
Abidjan-Cocody
03 BP 1588 Abidjan
harmattan.ivoire@gmail.com

L'Harmattan Bénin
Rue 604, (Immeuble à l'entrée
de la rue UCAO- Cite de Saint-Jean)
Cotonou
stepcorpus@gmail.com

Nos librairies en France

Librairie internationale
16, rue des Écoles
75005 Paris
librairie.internationale@harmattan.fr
01 40 46 79 11
www.librairieharmattan.com

Librairie des savoirs
21, rue des Écoles
75005 Paris
librairie.sh@harmattan.fr
01 46 34 13 71
www.librairieharmattansh.com

www.ingramcontent.com/pod-product-compliance
Lightning Source LLC
LaVergne TN
LVHW010921061026
849535LV00007B/2169